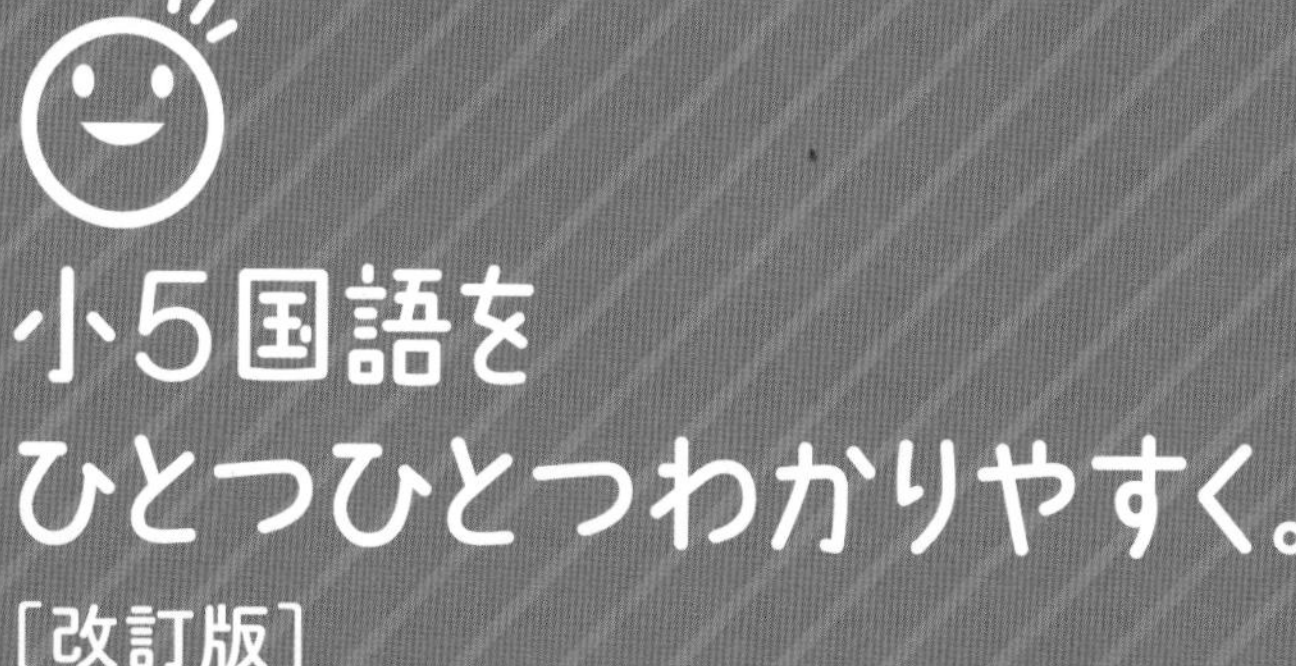

Gakken

ひとつひとつわかりやすく。シリーズとは

やさしい言葉で要点しっかり！

むずかしい用語をできるだけ使わずに，イラストとわかりやすい文章で解説しています。

国語が苦手な人や，ほかの参考書は少しむずかしいと感じる人でも，無理なく学習できます。

ひとつひとつ，解くからわかる！

解説ページを読んだあとは，ポイントをおさえた問題で，理解した内容をしっかり定着できます。

テストの点数アップはもちろん，国語の基礎力がしっかり身につきます。

やりきれるから，自信がつく！

1回分はたったの2ページ。

約10分で負担感なく取り組めるので，初めての自主学習にもおすすめです。

この本の使い方

1回10分，読む→解く→わかる！

1回分の学習は2ページです。毎日少しずつ学習を進めましょう。

答え合わせもかんたん・わかりやすい！

解答は本体に軽くのりづけしてあるので，引っぱって取り外してください。

答えが見つけやすいので，ひとりで答え合わせができます。

復習テストで，テストの点数アップ！

各分野の最後に，これまで学習した内容を確認するための「復習テスト」があります。

学習のスケジュールも，ひとつひとつチャレンジ！

まずは次回の学習予定を決めて記入しよう！

１日の学習が終わったら，もくじページにシールをはりましょう。

また，次回の学習予定日を決めて記入してみましょう。

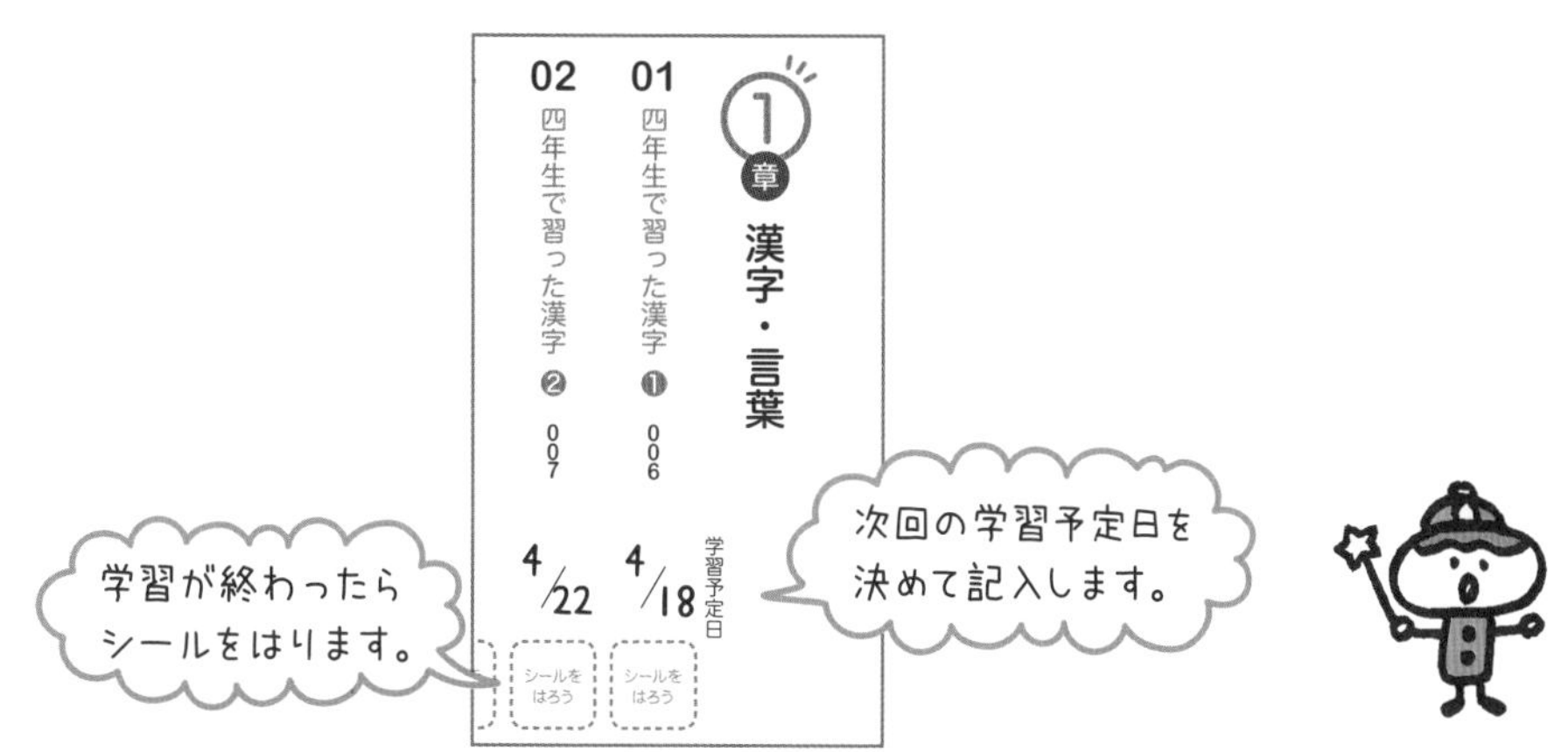

カレンダーや手帳で，さらに先の学習計画を立ててみよう！

おうちのカレンダーや自分の手帳にシールをはりながら，まずは１週間ずつ学習スケジュールを立ててみましょう。

それができたら，次は月ごとのスケジュールを立ててみましょう。

みなさんへ

５年生になると，本格的(ほんかくてき)な文学作品や説明文などを読解(どっかい)することが多くなります。また，古文や漢文などを音読したり暗唱したりもします。

当然，学習はむずかしくなってきますが，いろいろな種類の文章や言葉にふれることで，読むおもしろさや，新しい知識(ちしき)を得(え)られるうれしさを，より感じられるようになるはずです。自然と国語が好きになり，少しずつ学力がついてくるでしょう。応(おう)えんしています。

もくじ

小5国語

次回の学習日を決めて、書きこもう。
1回の学習が終わったら、巻頭（かんとう）のシールをはろう。

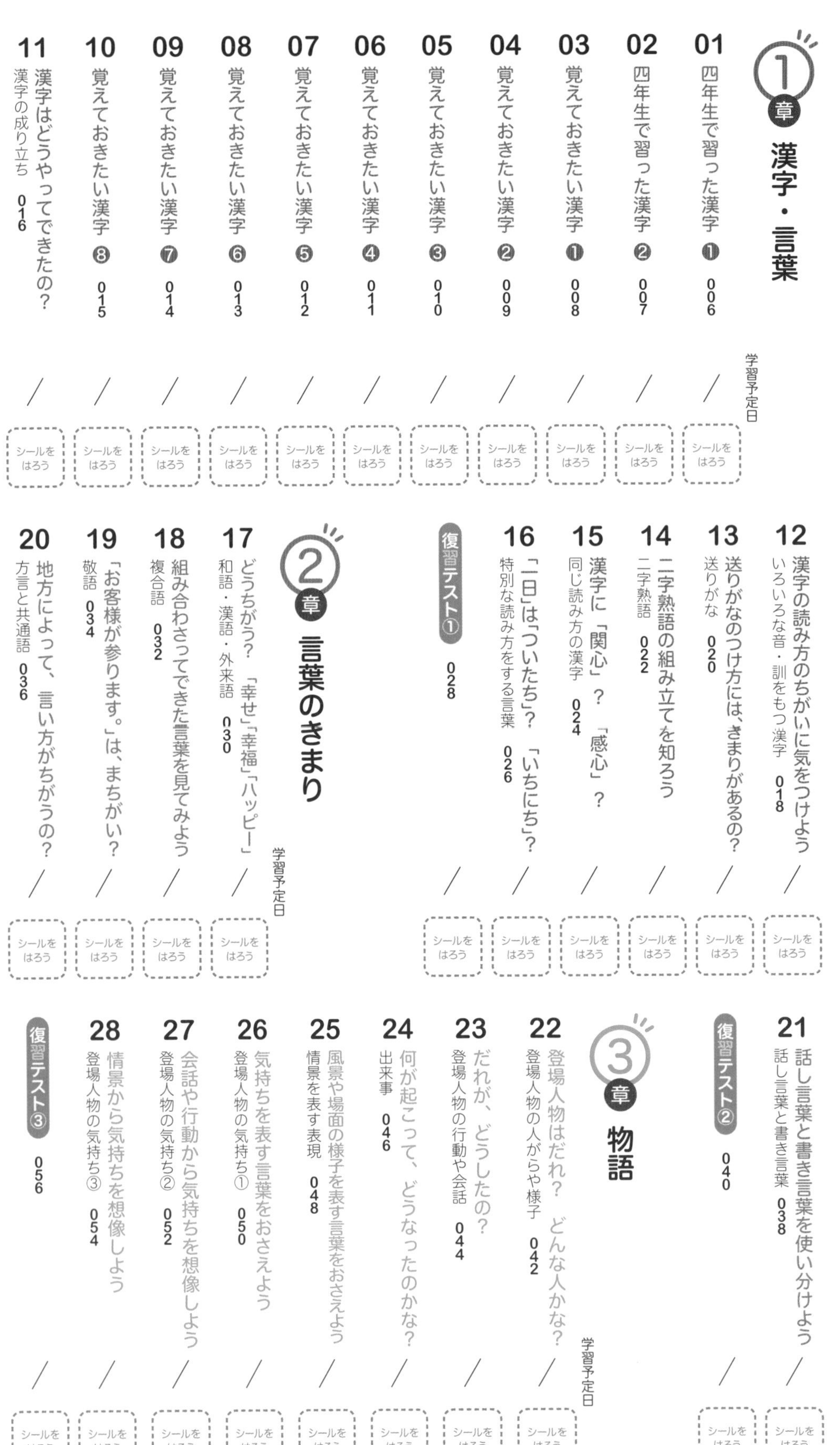

4章 説明文

学習予定日

5章 詩

学習予定日

6章 伝統文化

学習予定日

巻末資料

わかる君を探してみよう！

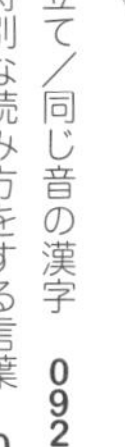
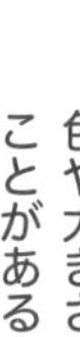

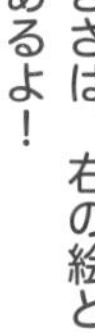

この本にはちょっと変わったわかる君が全部で9つかくれています。学習を進めながら探してみてくださいね。

色や大きさは、右の絵とちがうことがあるよ！

01 四年生で習った漢字 ❶

答えは別さつ2ページ
できなかった問題は、復習しよう。

学習日 月 日

1 ――線部の漢字の読みがなを書きましょう。

(1) まちがった考えを改める。（　　）

(2) 博物館で、古い金貨を見る。（　　）（　　）

(3) 来ひんの方が、卒業式で祝辞を述べられる。（　　）（　　）

(4) 三角形の面積を計算して求める。（　　）（　　）

(5) 家の付近の地図を印刷する。（　　）（　　）

2 □に漢字を書きましょう。

(1) □□□(しけんかん)に入れる薬品を□□(せつめい)する。

(2) □(はた)をふって、□□□(ときょうそう)の応えんをする。

(3) いとこが、結こん式を□(あ)げる。

(4) □(つめ)たい水で手をあらう。

(5) 池の□(まわ)りを□□(さんぽ)する。

02 四年生で習った漢字②

答えは別さつ2ページ
できなかった問題は、復習しよう。

学習日 月 日

1 ―線部の漢字の読みがなを書きましょう。

(1) キャンプに必要な材料をそろえる。（ ）（ ）
(2) 仲間と共に、歌を輪唱する。（ ）（ ）
(3) 友人が、静かに席を立つ。（ ）（ ）
(4) けんび鏡を使って、葉のうらを見る。（ ）
(5) 学級委員を投票で決める。（ ）

2 □に漢字を書きましょう。

(1) タンクに灯油を［み］たす。
(2) ［えいご］の勉強を［つづ］ける。
(3) 料理本を［さんこう］にして、パンを［や］く。
(4) 実験に［せいこう］した［れい］を記録しておく。
(5) 夏休みに、メダカの［かんさつ］をする。

①章 漢字・言葉

03 覚えておきたい漢字 1

答えは別さつ2ページ
できなかった問題は、復習(ふくしゅう)しよう。

学習日 月 日

1 文を声に出して読んで漢字の読みを確(たし)かめ、□に✓(チェック)を書きましょう。（□は五年生の漢字です。）

(1) □桜(さくら)の□枝(えだ)のつぼみがふくらむ。

(2) 早起きの□習慣(しゅうかん)を身につける。

(3) 昔の□武器(ぶき)を見学する。

(4) □液体(えきたい)せんざいが□原因(げんいん)で手があれる。

(5) テレビの□品質(ひんしつ)を□保証(ほしょう)する。

2 □に漢字を書きましょう。（□は五年生の漢字です。）

(1) 一年間の［ほしょう］がついたパソコンを買う。

(2) 機械の［ひんしつ］が下がった［げんいん］を調べる。

(3) ［えだ］ぶりのよい［さくら］の木の下にすわる。

(4) ［えきたい］石けんで手をあらうのが［しゅうかん］だ。

(5) ［ぶき］をすてて、戦いをやめる。

04 覚えておきたい漢字②

答えは別さつ2ページ
できなかった問題は、復習(ふくしゅう)しよう。

学習日 月 日

1 文を声に出して読んで漢字の読みを確(たし)かめ、□に✓(チェック)を書きましょう。（□は五年生の漢字です。）

(1) 新年の□増刊号(ぞうかんごう)は、いつもより□厚(あつ)い。

(2) 美しい魚に□囲(かこ)まれて泳ぐ□夢(ゆめ)を見た。

(3) 駅前を、パトカーが□通過(つうか)する。

(4) 店員が、客を□非常口(ひじょうぐち)に□導(みちび)く。

(5) 自転車で町内を□移動(いどう)する。

2 □に漢字を書きましょう。（□は五年生の漢字です。）

(1) 子どもたちを□(ゆめ)の世界へ□(みちび)く絵本。

(2) □□□(ひじょうぐち)の□(あつ)いとびらを開ける。

(3) 雑誌(ざっし)の□□□(ぞうかんごう)を買う。

(4) 山に□(かこ)まれた土地で育つ。

(5) 交差点を□□(つうか)して、目的地に□□(いどう)する。

漢字・言葉 ①章

05 覚えておきたい漢字③

答えは別さつ3ページ
できなかった問題は、復習しよう。

学習日　月　日

1 文を声に出して読んで漢字の読みを確かめ、□に✓を書きましょう。（□は五年生の漢字です。）

(1) □職人（しょくにん）が見習いの者に□技術（ぎじゅつ）を伝える。

(2) 食べることが□可能（かのう）な□雑草（ざっそう）を集める。

(3) □事故（じこ）のため、海水に原油が□混（ま）じる。

(4) みんなが兄の意見に□賛成（さんせい）した。

(5) 家の前にトラックが□停車（ていしゃ）する。

2 □に漢字を書きましょう。（□は五年生の漢字です。）

(1) 商品にごみが［ま］じる［じ｜こ］が発生する。

(2) 畑の［ざっ｜そう］を取りのぞく［ぎ｜じゅつ］。

(3) 電車が五分ほど駅に［てい｜しゃ］する。

(4) 家具を作る［しょく｜にん］に会いに行く。

(5) 住人の［さん｜せい］で工事が［か｜のう］になる。

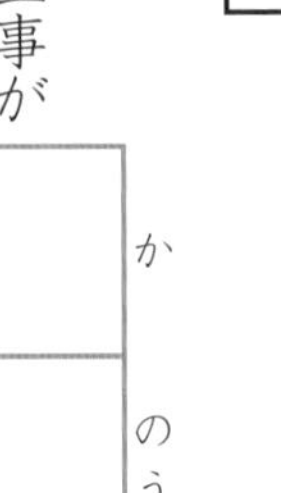

06 覚えておきたい漢字④

答えは別さつ3ページ
できなかった問題は、復習しよう。

学習日 月 日

1 文を声に出して読んで漢字の読みを確かめ、□にチェックを書きましょう。（□は五年生の漢字です。）

(1) 現在は、犬を飼っている。

(2) 二つの商品の価格を比べる。

(3) 新しい校舎で授業を受ける。

(4) 落ち着いた態度で話す。

(5) 仏教が日本に伝来した時代を調べる。

2 □に漢字を書きましょう。（□は五年生の漢字です。）

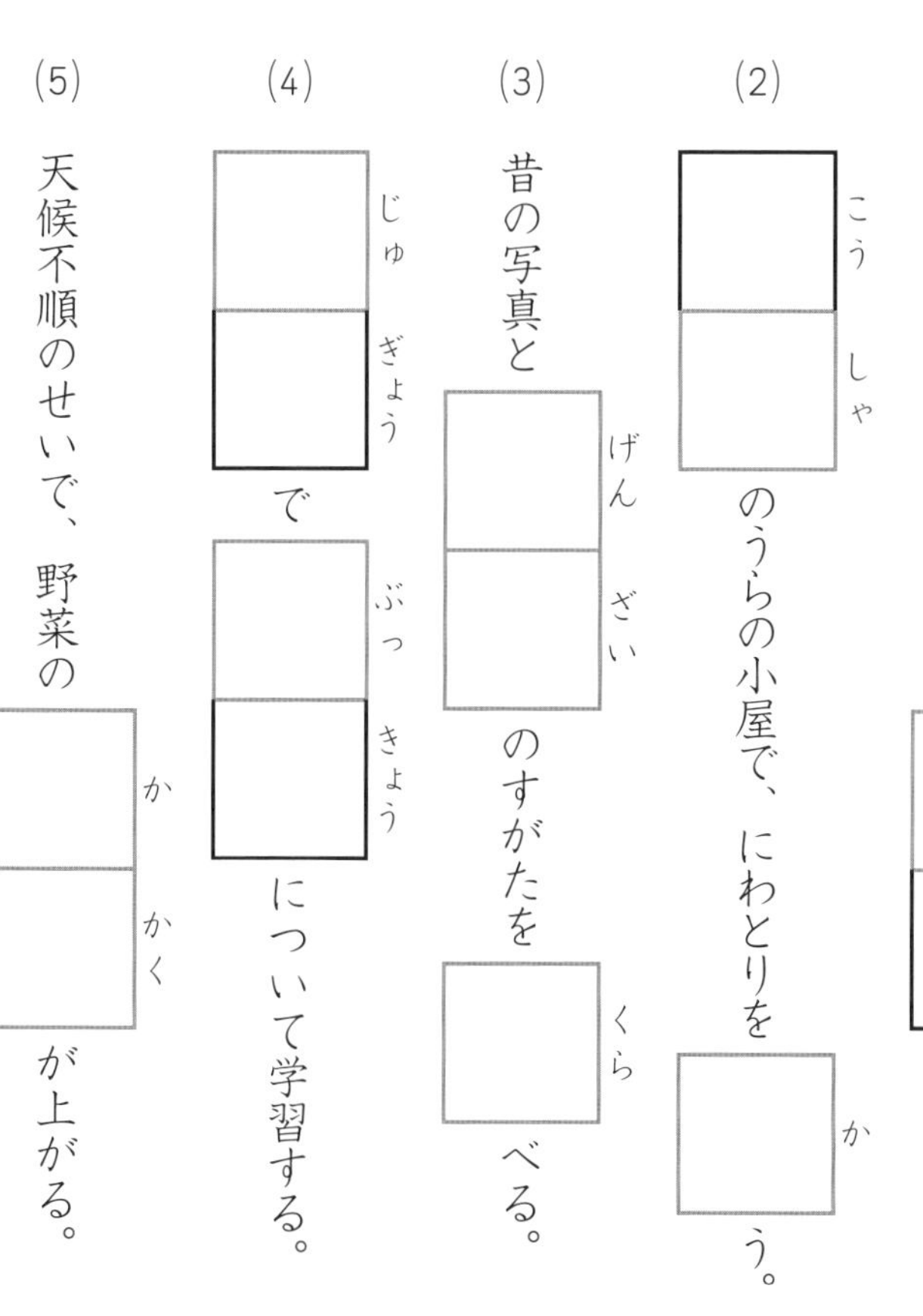

(1) 気持ちを改めて、まじめな〔たいど〕をとる。

(2) 〔こうしゃ〕のうらの小屋で、にわとりを〔か〕う。

(3) 昔の写真と〔げんざい〕のすがたを〔くら〕べる。

(4) 〔じゅぎょう〕で〔ぶっきょう〕について学習する。

(5) 天候不順のせいで、野菜の〔かかく〕が上がる。

07 覚えておきたい漢字⑤

答えは別さつ3ページ
できなかった問題は、復習(ふくしゅう)しよう。

学習日　月　日

1 文を声に出して読んで漢字の読みを確(たし)かめ、□に✓(チェック)を書きましょう。（□は五年生の漢字です。）

(1) 検査(けんさ)の内容(ないよう)が書かれた書類を読む。

(2) 酸素(さんそ)を入れたびんの中で、紙を燃(も)やす。

(3) 川の流れに逆(さか)らう。

(4) 住所を省略(しょうりゃく)せずに、全て記入する。

(5) 規則(きそく)に関する問い合わせに対応(たいおう)する。

2 □に漢字を書きましょう。（□は五年生の漢字です。）

(1) 向かい風に［さか］らって自転車をこぐ。

(2) ［ない］［よう］を一部［しょう］［りゃく］して読み上げる。

(3) 空気には、［さん］［そ］がふくまれている。

(4) 川原でごみを［も］やすことは［き］［そく］に反する。

(5) ［けん］［さ］結果の問い合わせに［たい］［おう］する。

08 覚えておきたい漢字⑥

答えは別さつ3ページ
できなかった問題は、復習しよう。

学習日 月 日

1 文を声に出して漢字の読みを確かめ、□にㇾを書きましょう。（□は五年生の漢字です。）

(1) 自分の□個性を生かせる仕事につきたい。

(2) 発表に□備えて□資料を集める。

(3) □似た意味の□語句を書き出す。

(4) □久しぶりに□眼科の医院に行く。

(5) □複数の本を借りる。

2 □に漢字を書きましょう。（□は五年生の漢字です。）

(1) □□（がんか）の医院は、多数の機器を□（そな）えている。

(2) □（ひさ）しぶりに、去年の委員会の□□（しりょう）を開く。

(3) □（に）たデザインの服を□□（ふくすう）持っている。

(4) □□（こせい）豊かな仲間が集まる。

(5) 新しく学習する□□（ごく）に線を引く。

09 覚えておきたい漢字⑦

答えは別さつ4ページ
できなかった問題は、復習（ふくしゅう）しよう。

学習日　月　日

1 文を声に出して読んで漢字の読みを確（たし）かめ、□に✓（チェック）を書きましょう。（□は五年生の漢字です。）

(1) 先生に□直接（ちょくせつ）お会いして、□報告（ほうこく）する。

(2) □先祖（せんぞ）の□墓（はか）参りをする。

(3) □木造（もくぞう）の寺が、地しんでかたむく。

(4) 何度も問題を□解（と）いて、□復習（ふくしゅう）する。

(5) じゃんけんで決めようと□提案（ていあん）する。

2 □に漢字を書きましょう。（□は五年生の漢字です。）

(1) 駅からお［はか］へ［ちょく｜せつ］向かう。

(2) みんなの［てい｜あん］を、先生に［ほう｜こく］する。

(3) 授業（じゅぎょう）で［と］いた問題を、家で［ふく｜しゅう］する。

(4) 自分の［せん｜ぞ］について、父に話を聞く。

(5) おじは、古い［もく｜ぞう］の家に住んでいる。

10 覚えておきたい漢字⑧

答えは別さつ4ページ
できなかった問題は、復習しよう。

学習日 月 日

1 文を声に出して漢字の読みを確かめ、□に✓を書きましょう。（□は五年生の漢字です。）

(1) □防災対さくに取り組み、ひ害を□減らす。

(2) □政治の仕組みを勉強する。

(3) □団体の旅行者が、□順序よくならぶ。

(4) 博物館で□銅の鏡をかん賞する。

(5) 選考の□基準を□示す。

2 □に漢字を書きましょう。（□は五年生の漢字です。）

(1) 新聞で国内の［せいじ］についての記事を読む。

(2) ［ぼうさい］の［きじゅん］を満たした建物。

(3) 県内の交通事故の件数が、昨年より［へ］る。

(4) ［だんたい］戦で［どう］メダルをとる。

(5) 作業の［じゅんじょ］を、図で［しめ］す。

1章 漢字・言葉 漢字の成り立ち

11 漢字はどうやってできたの？

学習日 月 日

漢字は、三千年以上前の中国で作られました。その後だんだんと形が変化して、今の形になりました。

★漢字には四つの成り立ちがある

① 象形文字…物の形をかたどったもの。

「形を象る」ことから象形文字という。

山 → 山 → 山

鳥 → 鳥 → 鳥

例 川・火 手・田 目・馬

② 指事文字…形に表しにくい事がらを、印や記号を使って表したもの。

「事がらを指し示す」ことから指事文字という。

上（ぼうの「上」に印をつけた。）

本（「木」の根元に印をつけた。）

例 一・二 三・下 中・末

③ 会意文字…漢字の意味を組み合わせたもの。

「意味を合わせる」ことから会意文字という。

木＋木＝林（「木」を二つならべて、「林」を表した。）

日＋月＝明（「日」と「月」で「明るいこと」を表した。）

例 岩・集 信・孫 森・鳴

④ 形声文字…意味を表す部分と、音を表す部分を組み合わせたもの。

「意味（形）と音（声）を合わせる」ことから形声文字という。

時（「ジ」の音／「日」の意味）

板（「ハン」の音／「木」の意味）

例 校・晴 想・管 銅・紙

漢字の九割近くが④の形声文字なんだよ。

答えは別さつ4ページ できなかった問題は、復習しよう。

1 次の漢字は、どのようにしてできたものですか。後から選び、記号で答えましょう。

(1) 校 〔　　〕
(2) 明 〔　　〕
(3) 下 〔　　〕
(4) 川 〔　　〕
(5) 馬 〔　　〕
(6) 管 〔　　〕
(7) 森 〔　　〕
(8) 本 〔　　〕

ア 象形文字…物の形をかたどったもの。
イ 指事文字…形に表しにくい事がらを、印や記号を使って表したもの。
ウ 会意文字…漢字の意味を組み合わせたもの。
エ 形声文字…意味を表す部分と、音を表す部分を組み合わせたもの。

2 次の二つの漢字を組み合わせて作られた漢字を書きましょう。

(1) 山＋石 〔　　〕
(2) 口＋鳥 〔　　〕

3 次の漢字を、①意味を表す部分と、②音を表す部分の二つに分けて、それぞれ書きましょう。

(1) 晴 ①〔　　〕 ②〔　　〕
(2) 想 ①〔　　〕 ②〔　　〕
(3) 銅 ①〔　　〕 ②〔　　〕
(4) 紙 ①〔　　〕 ②〔　　〕

12 漢字の読み方のちがいに気をつけよう

学習日　月　日

★漢字には音読みと訓読みがある

例えば、「山」という漢字には、次の二とおりの読み方があります。

山
- 音読み　サン
- 訓読み　やま

訓読みは「やま」という読み方を聞いただけで意味がわかる。

また、漢字の中には、二つ以上の音読みをもつものや、二つ以上の訓読みをもつものがあります。

1 二つ以上の音読みをもつ漢字

読み方のちがいに注意して、熟語（じゅくご）を読みましょう。

後
- ゴ　前後（ぜんご）・午後（ごご）
- コウ　後半（こうはん）・後列（こうれつ）

他の例

作
- 作文（さくぶん）
- 作業（さぎょう）

平
- 平和（へいわ）
- 平等（びょうどう）

然
- 自然（しぜん）
- 天然（てんねん）

2 二つ以上の訓読みをもつ漢字

送りがながある場合は、送りがなで読み分けましょう。

送りがなは、20～21ページで学習するよ。

好
- この-む　例 音楽を好（この）む。
- す-く　例 夏が好（す）きだ。

他の例

幸
- 幸（さいわ）い
- 幸（しあわ）せ

覚
- 覚（おぼ）える
- 覚（さ）ます

志
- 志（こころざ）す
- 志（こころざし）

基本練習

答えは別さつ4ページ　できなかった問題は、復習しよう。

1 次の漢字の音読みを、□からそれぞれ二つずつ選んで書きましょう。

(1) 後〔　　〕〔　　〕

(2) 平〔　　〕〔　　〕

(3) 然〔　　〕〔　　〕

ゼン　ヘイ　ゴ　ネン　ビョウ　コウ

2 次の熟語の——線部の漢字と同じ読み方をするものに、○をつけましょう。

(1) 作業

ア（　）作品　イ（　）作戦　ウ（　）動作

(2) 行事

ア（　）行進　イ（　）行列　ウ（　）流行

3 ——線部の漢字の読みがなを書きましょう。

(1) ① 目を覚ます。〔　　〕

② 漢字を覚える。〔　　〕

(2) ① 音楽家を志す。〔　　〕

② 志を果たす。〔　　〕

(3) ① 花が好きだ。〔　　〕

② 読書を好む。〔　　〕

1章 漢字・言葉

1章 漢字・言葉 送りがな

13 送りがなのつけ方には、きまりがあるの？

学習日 月 日

★送りがなのきまりを覚えよう

「書く」の「く」、「近い」の「い」のように、漢字の後につけて、読み方をはっきりさせるかなを**送りがな**といいます。

❶ 形が変わる言葉

原則 使い方によって形の変わる言葉は、形の変わる部分から送りがなをつける。

歩く
歩かない
歩きます
歩くとき
歩けば
歩こう

形の変わる部分から＝送りがな

早い
早かろう
早かった
早くなる
早いとき
早ければ

例外 形の変わる部分よりも、一字前からつける言葉。

＊「〜しい」の形の言葉　例 正しい　美しい

＊読みまちがえやすい言葉　例 教わる　明るい

❷ 名詞（ものの名前や事がらを表す言葉）

原則 名詞には、ふつう送りがなをつけない。

例 町　春　柱　薬　鏡　湖

例外

＊読みまちがえやすい言葉には、最後の一音を送りがなとしてつける。

例 辺り　便り　後ろ　半ば

＊形の変わる言葉からできた言葉は、もとの言葉の送りがなにしたがう。

例 休み（←休む）　答え（←答える）　速さ（←速い）

二つ以上の訓読みをもつ漢字は、送りがなで読み方を区別します。

例
少 ＜ 少ない／少し
苦 ＜ 苦しい／苦い
細 ＜ 細い／細かい

基本練習

答えは別さつ5ページ　できなかった問題は、復習しよう。

1 送りがなのつけ方が正しいほうに○をつけましょう。

(1) おきる　ア（　）起る　イ（　）起きる

(2) よろこぶ　ア（　）喜ぶ　イ（　）喜こぶ

(3) はやい　ア（　）速い　イ（　）速やい

(4) あたらしい　ア（　）新い　イ（　）新しい

2 次の言葉を〈　〉の漢字を使って書くとき、送りがなをつけないものを二つ選び、記号で答えましょう。

ア　こたえ〈答〉　イ　たより〈便〉

ウ　はしら〈柱〉　エ　うしろ〈後〉

オ　みずうみ〈湖〉

〔　　〕〔　　〕

3 ――線部の言葉を漢字と送りがなで書きましょう。

(1) あかるい色。〔　　〕

(2) 運動会をおこなう。〔　　〕

(3) 努力をかさねる。〔　　〕

(4) この薬は、にがい。〔　　〕

(5) こまかいすな。〔　　〕

(6) 種類がすくない。〔　　〕

1章 漢字・言葉

14 二字熟語(じゅくご)の組み立てを知ろう

★二字熟語(じゅくご)のいろいろな組み立て

❶ 反対(対(つい))の意味の漢字の組み合わせ

多少(たしょう)

多⇕少

「多い」と「少ない」

他の例
- 上下(じょうげ)（上⇕下）
- 前後(ぜんご)（前⇕後ろ）
- 高低(こうてい)（高い⇕低い）
- 遠近(えんきん)（遠い⇕近い）

❷ 似(に)た意味の漢字の組み合わせ

学習(がくしゅう)

学＋習

「学ぶ・習う」で意味が似ている。

他の例
- 寒冷(かんれい)（寒い＋冷たい）
- 行進(こうしん)（行く＋進む）
- 衣服(いふく)（どちらも「着る物」を表す。）

❸ 上の漢字が下の漢字を説明するもの

南国(なんごく)

南⇓国　南の国

深海(しんかい)

深⇓海　深い海

他の例
- 駅前(えきまえ)（駅の前）
- 鉄板(てっぱん)（鉄の板）
- 青空(あおぞら)（青い空）
- 熱風(ねっぷう)（熱い風）

❹ 下の漢字が「―を」「―に」に当たるもの

消火(しょうか)

消⇑火　火を消す

着席(ちゃくせき)

着⇑席　席に着く

他の例
- 開門(かいもん)（門を開く）
- 受賞(じゅしょう)（賞を受ける）
- 乗船(じょうせん)（船に乗る）
- 帰国(きこく)（国に帰る）

〈92ページに二字熟語の一覧表(いちらんひょう)があります。〉

学習日　月　日

基本練習

答えは別さつ5ページ　できなかった問題は、復習しよう。

1 次の〔　〕に、反対(対)の意味をもった漢字を□から選んで書き入れ、二字熟語を完成させましょう。

(1) 天〔　〕　(2) 売〔　〕
(3) 遠〔　〕　(4) 勝〔　〕

買　近　敗　新　地

2 次の〔　〕に、似た意味をもった漢字を□から選んで書き入れ、二字熟語を完成させましょう。

(1) 寒〔　〕　(2) 道〔　〕
(3) 倉〔　〕　(4) 救〔　〕

助　路　庫　進　冷

3 例のように、次の熟語の意味を考えて書きかえましょう。

例　高音〔高い音〕　投球〔球を投げる〕

(1) 南国〔　〕　(2) 夜空〔　〕
(3) 強風〔　〕　(4) 新年〔　〕
(5) 受賞〔　〕　(6) 登山〔　〕

4 上の漢字が下の漢字を説明するものには○を、下の漢字が「―を」「―に」に当たるものには△を書きましょう。

(1) 熱湯〔　〕　(2) 鉄板〔　〕　(3) 発光〔　〕
(4) 乗車〔　〕　(5) 親友〔　〕　(6) 改心〔　〕

1章 漢字・言葉 同じ読み方の漢字

15 漢字に「関心」？「感心」？

学習日　月　日

★同じ音の漢字

熟語（二つ以上の漢字が組み合わさってできた言葉）には、同じ音読みをするものがあります。言葉の意味を考えて使い分けましょう。

①漢字にカンシンがあります。

②それはカンシンだね。

①は「関心」、②は「感心」と書くね。

イガイ
- 意外…駅で意外な人に会った。
- 以外…土曜日以外は十時にねる。

ショウメイ
- 照明…照明を明るくする。
- 証明…無実を証明する。

セイシ
- 静止…静止している物を絵にかく。
- 制止…制止をふり切って、外に出る。

〈93ページに一覧表があります。〉

★同じ訓の漢字

「早い」と「速い」のように、訓読みは同じでも、意味がちがう漢字もあります。

どれも「はかる」で読み方は同じだけど、意味と漢字はちがうね。

おう
- 追う…けい官が犯人を追う。
- 負う…社長が事故の責任を負う。

あつい
- 熱い…熱いお茶を飲む。
- 暑い…今日は、とても暑い。
- 厚い…厚い本を三さつも買った。

〈94ページに一覧表があります。〉

基本練習

答えは別さつ5ページ　できなかった問題は、復習(ふくしゅう)しよう。

1 次の文の意味に合う言葉に○をつけましょう。

(1) つり上げた魚は、{ア（　）以外／イ（　）意外}に大きかった。

(2) 実験の結果が正しいことを{ア（　）証明(しょうめい)／イ（　）照明}する。

2 次の文の意味に合う言葉に○をつけましょう。

(1) ライオンが、えものを{ア（　）負う／イ（　）追う}。

(2) 朝の{ア（　）早い／イ（　）速い}時間に散歩する。

(3) 明日は、{ア（　）厚(あつ)く／イ（　）暑く／ウ（　）熱く}なるそうだ。

3 次の〔　〕に入る熟語(じゅくご)や漢字を、□から選んで書き入れましょう。

(1)
① 近くの〔こうえん〕で遊ぶ。
② 楽団(がくだん)の〔こうえん〕をきく。

講演　公演　公園

(2)
① 席を〔あ〕けてください。
② ドアを〔あ〕けてください。

開　空　明

(3)
① 身長を〔はか〕る。
② 時間を〔はか〕る。

測　計　量

1章 漢字・言葉

16 「一日」は「ついたち」？「いちにち」？

学習日 月 日

★特別な読み方なら「ついたち」

漢字を使った言葉の中には、漢字を一字一字読むのではなく、言葉全体を**特別な訓読み**で読むものがあります。

例えば、「七夕」は、「七」に「たな」、「夕」に「ばた」という読みがあるわけではなく、「七夕」全体で「たなばた」と読むのです。

二つに分けられない。
七
夕

❶ 小学校で学習する特別な読み方をする言葉の例

人を表したり数えたりする言葉

父（とう）さん　母（かあ）さん　兄（にい）さん
姉（ねえ）さん　大人（おとな）　一人（ひとり）　二人（ふたり）

月日や一日の時間を表す言葉

今日（きょう）　今朝（けさ）　今年（ことし）　一日（ついたち）　二十日（はつか）

物や場所などの名前を表す言葉

果物（くだもの）　時計（とけい）　部屋（へや）　眼鏡（めがね）
八百屋（やおや）　河原（かわら）　川原（かわら）

様子や動作を表す言葉

上手（じょうず）　下手（へた）　手伝（てつだ）う

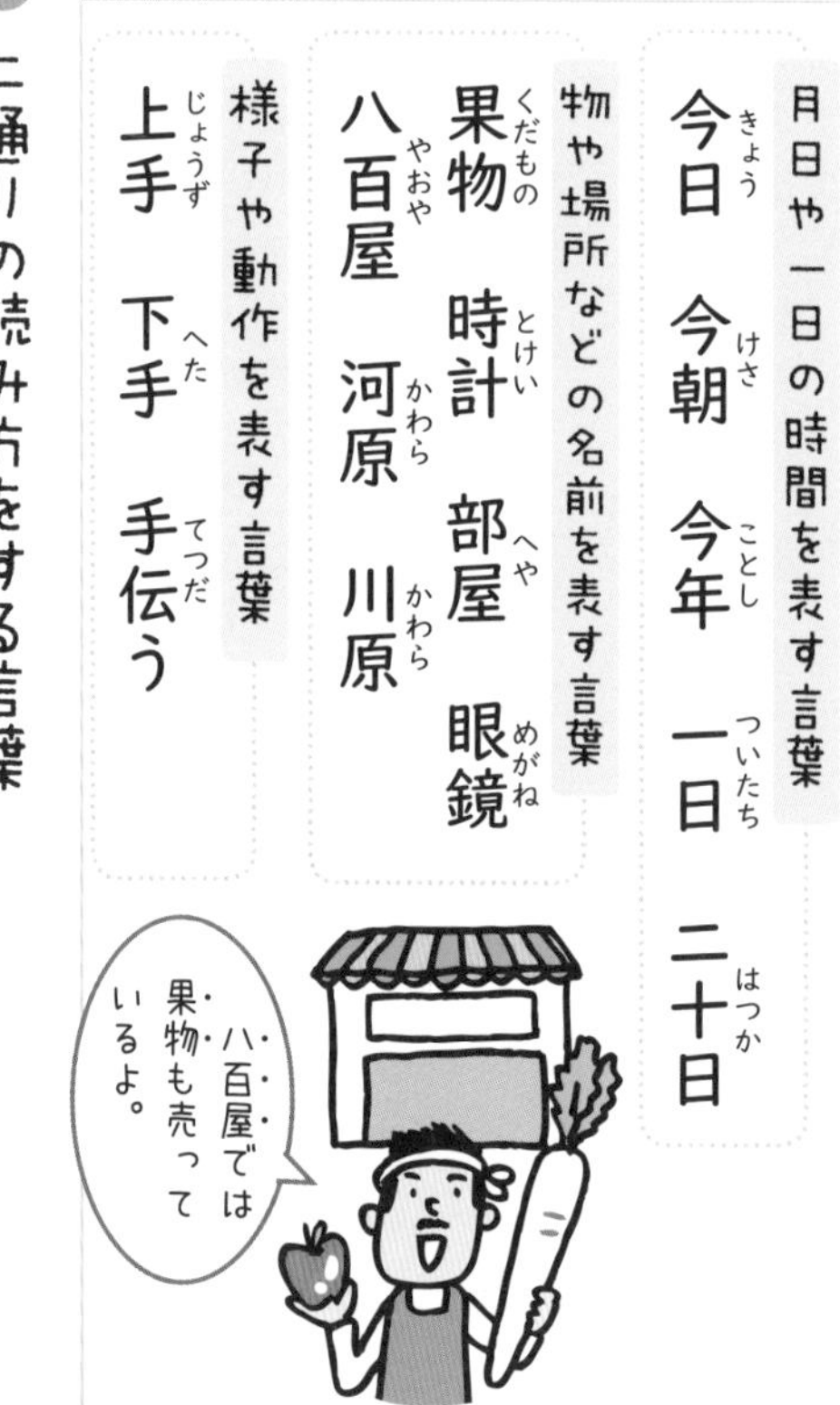

八百屋では果物も売っているよ。

❷ 二通りの読み方をする言葉

熟語（じゅくご）の中には、特別な読み方と音読みの二つの読み方をもつ言葉もあります。

例 七月一日（ついたち（特別な読み方））は月曜日です。／一日（いちにち（音読み））ずっと暑かった。

特別な読み方	きのう	あす	はかせ
	昨日	明日	博士
音読み	さくじつ	みょうにち	はくし

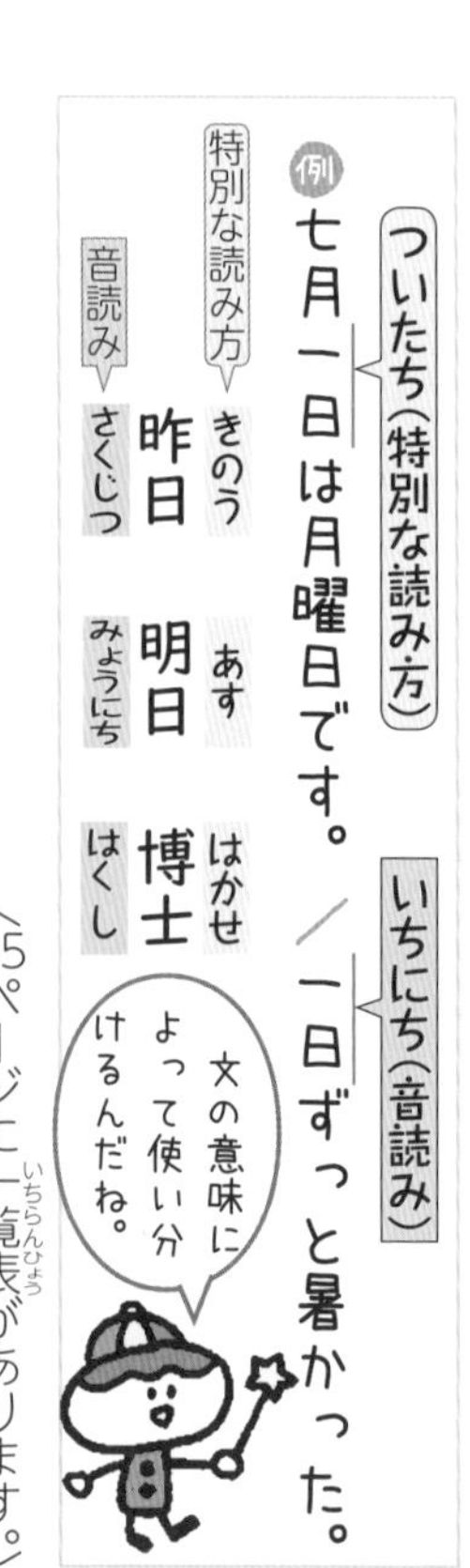

文の意味によって使い分けるんだね。

〈95ページに一覧表（いちらんひょう）があります。〉

基本練習

答えは別さつ5ページ　できなかった問題は、復習しよう。

1 次の——線部の言葉は、特別な読み方をする言葉です。その読み方を書きましょう。

(1) 川原で遊ぶ。〔　　　〕

(2) 今月の二十日は、運動会だ。〔　　　〕

(3) 果物の皮をむく。〔　　　〕

(4) 眼鏡をかける。〔　　　〕

(5) 今年の夏は、暑い。〔　　　〕

(6) 姉は、歌が上手だ。〔　　　〕

2 次の——線部の言葉の読み方として正しいほうに、○をつけましょう。

(1) 厚い本を一日｛ア（　）いちにち　イ（　）ついたち｝で読み終えた。

(2) ぼくには、兄が二人｛ア（　）ににん　イ（　）ふたり｝いる。

3 次の言葉の特別な読み方を（　）に、音読みでの読み方を〔　〕に書きましょう。

(1) 昨日（　　　）〔　　　〕

(2) 博士（　　　）〔　　　〕

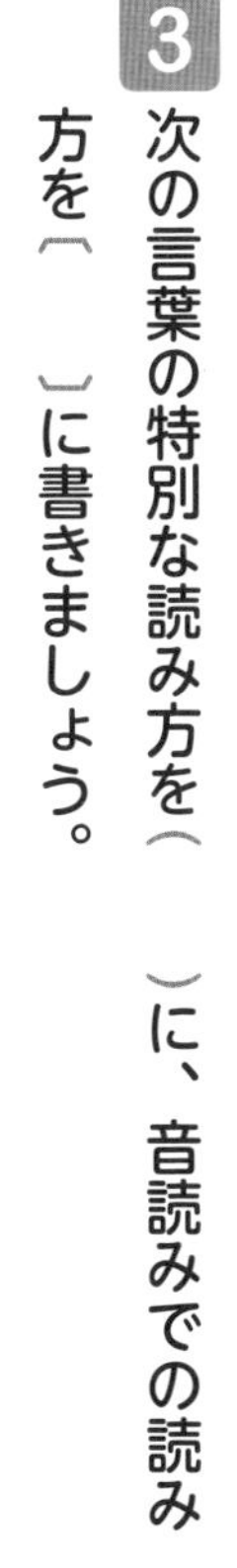

1章 漢字・言葉

復習（ふくしゅう）テスト 1

① 章 漢字・言葉

答えは別さつ13ページ

学習日　月　日

得点　／100点

1

次のようにしてできた漢字を書きましょう。【各4点　計16点】

(1) → → 〔　　〕

(2) ⊥ → 〔　　〕

(3) 人 ＋ 言 → 〔　　〕

(4) 木 ＋ 交 → 〔　　〕

2

次の熟語（じゅくご）の――線部の漢字と同じ読み方をするものに○をつけましょう。【各5点　計10点】

(1) 荷物
ア（　）作物　イ（　）植物　ウ（　）好物

(2) 計画
ア（　）画家　イ（　）区画　ウ（　）名画

3

次の――線部の漢字の読みがなを書きましょう。【各4点　計16点】

(1)
① 幸い今日は晴れた。〔　　〕
② 幸せになる。〔　　〕

(2)
① 木の実がなる。〔　　〕
② 努力が実る。〔　　〕

4

次の□の言葉を漢字を使って書くときの、送りがなのつけ方が正しいほうに○をつけましょう。【各3点　計6点】

(1) あらわす
感謝（かんしゃ）の気持ちを｛ア（　）表す　イ（　）表わす｝。

(2) こころみる
新しい方法を｛ア（　）試る　イ（　）試みる｝。

5 次の熟語の組み立てを後から選び、記号で答えましょう。【各4点　計16点】

(1) 帰国〔　〕　(2) 駅前〔　〕

(3) 高低〔　〕　(4) 行進〔　〕

ア 反対(対)の意味の漢字の組み合わせ

イ 似た意味の漢字の組み合わせ

ウ 上の漢字が下の漢字を説明するもの

エ 下の漢字が「―を」「―に」に当たるもの

6 次の文の意味に合う言葉に○をつけましょう。【各4点　計8点】

(1) りっぱな仕事ぶりに{**ア**(　)関心 **イ**(　)感心}する。

(2) {**ア**(　)熱い **イ**(　)暑い **ウ**(　)厚い}スープを飲む。

7 次の――線部の言葉は、特別な読み方をする言葉です。その読み方を書きましょう。【各4点　計28点】

(1) 母さんと出かける。〔　〕

(2) 今朝は早く起きた。〔　〕

(3) 八百屋で買い物をする。〔　〕

(4) 七夕に願い事をする。〔　〕

(5) 美しい景色をながめる。〔　〕

(6) バスの大人料金。〔　〕

(7) そうじを手伝う。〔　〕

②章 言葉のきまり 和語・漢語・外来語

17 どうちがう？「幸せ」「幸福」「ハッピー」

学習日　月　日

★和語・漢語・外来語とは

「幸せ」「幸福」「ハッピー」は、同じような意味を表す言葉ですが、次のように区別されます。

和語
もともと日本にあった言葉。
幸せ
漢語
昔、中国から伝わってきた言葉。
幸福
外来語
中国以外の外国から伝わってきた言葉。
ハッピー

① 和語・漢語・外来語に言いかえられる言葉

例

和語	漢語	外来語
昼飯（ひるめし）	昼食（チュウショク）	ランチ
速さ	速度	スピード
きまり	規則（キソク）	ルール

外来語は、ふつうかたかなで書くよ。

② 和語と漢語の区別

和語
・訓読みの漢字やひらがなで書き表す言葉です。
・やわらかい感じがします。

例 飲（の）む・歩（ある）く・花（はな）・野原（のはら）・休（やす）み

漢語
・漢字を音読みする言葉です。
・和語に比（くら）べて、かたい感じがします。

例 登校（トウコウ）・野球（ヤキュウ）・道路（ドウロ）・希望（キボウ）・庭園（テイエン）

注意 このページでは、漢語にはかたかなでふりがなをふってあります。

③ 和語と漢語で意味がちがう言葉

他の例

和語		漢語
和語	生物（なまもの／セイブツ）	漢語
和語	初日（はつひ／ショニチ）	漢語
和語	色紙（いろがみ／シキシ）	漢語

基本練習

答えは別さつ6ページ　できなかった問題は、復習（ふくしゅう）しよう。

1 次の言葉が和語ならア、漢語ならイ、外来語ならウと記号で答えましょう。

(1) 菜の花〔　　〕　(2) ピアノ〔　　〕

(3) 野球〔　　〕　(4) 歩く〔　　〕

(5) ケーキ〔　　〕　(6) 旅行〔　　〕

2 次の言葉を和語に書きかえましょう。

(1) 幸福〔　　〕

(2) スピード〔　　〕

(3) ルール〔　　〕

3 次の言葉の和語での読みを（　）にひらがなで、漢語での読みを〔　〕にかたかなで書きましょう。

(1) 風車（　　）〔　　〕

(2) 生物（　　）〔　　〕

(3) 初日（　　）〔　　〕

(4) 色紙（　　）〔　　〕

②章 言葉のきまり 複合語

18 組み合わさってできた言葉を見てみよう

学習日 月 日

★複合語(ふくごうご)

二つ以上の言葉が組み合わさって、一つの言葉となったものを複合語といいます。

1 複合語の成り立ち

おす ＋ 出す ⇒ おし出す（複合語）

運動 ＋ くつ ⇒ 運動ぐつ（複合語）

二つの言葉が一つになるんだね。

2 いろいろなものを表す複合語

物	たまご ＋ 焼く → たまご焼き 国語 ＋ 辞典 → 国語辞典
動き	飛ぶ ＋ 起きる → 飛び起きる 折る ＋ 曲げる → 折り曲げる
様子	ねる ＋ 苦しい → ね苦しい 青い ＋ 白い → 青白い
何に(何で)どうするか	山 ＋ 登る → 山登り 手 ＋ 作る → 手作り

3 もとの言葉と発音が変わる複合語

あめ ＋ かさ ⇒ あまがさ(雨がさ)

「め」が「ま」に変わる。

「か」が「が」に変わる。

他の例

ふね ＋ たび → ふなたび(船旅)

かぜ ＋ くるま → かざぐるま(風車)

基本練習

答えは別さつ6ページ　できなかった問題は、復習しよう。

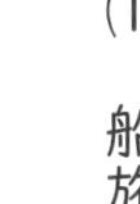

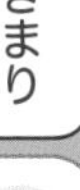

1 次の二つの言葉を組み合わせて、一つの言葉にしましょう。

(1) 右＋うで　〔　　〕

(2) 青い＋空　〔　　〕

(3) 話す＋合う　〔　　〕

(4) 手＋作る　〔　　〕

2 次の複合語（ふくごうご）の読み方を書きましょう。

(1) 船旅　〔　　〕

(2) 金物　〔　　〕

(3) 雨音　〔　　〕

3 例のように、次の複合語をもとの二つの言葉に分けましょう。

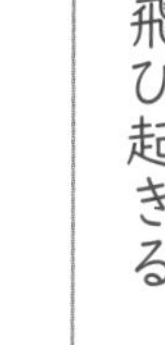

例　飛び起きる　〔飛ぶ〕＋〔起きる〕

(1) 手足　〔　　〕＋〔　　〕

(2) 国語辞典　〔　　〕＋〔　　〕

(3) 見上げる　〔　　〕＋〔　　〕

(4) 投げ入れる　〔　　〕＋〔　　〕

(5) 折り曲げる　〔　　〕＋〔　　〕

(6) 心細い　〔　　〕＋〔　　〕

(7) 山登り　〔　　〕＋〔　　〕

②章 言葉のきまり 敬語

19 「お客様が参ります。」は、まちがい？

学習日 月 日

★敬語(けいご)を使えるようになろう

相手をうやまう気持ちを表す言い方を敬語といい、次の三種類があります。使い方をまちがえないようにしましょう。

「お客様が参ります。」はまちがい。「いらっしゃいます」が正しいよ。

❶ 尊敬語(そんけいご)

相手の動作を高めて言う言い方

① 特別な言葉を使った言い方
例 くれる→くださる　行く・来る・いる→いらっしゃる

② 「お(ご)〜になる」という言い方
例 先生がお話しになる。　市長がご出発になる。

③ 「れる」「られる」を使った言い方
例 博士が講演(こうえん)をされる。　お客様が来られる。

④ 「お」「ご」をつけた言い方
例 お答え・ご卒業

❷ けんじょう語

自分の動作を低めて言う言い方

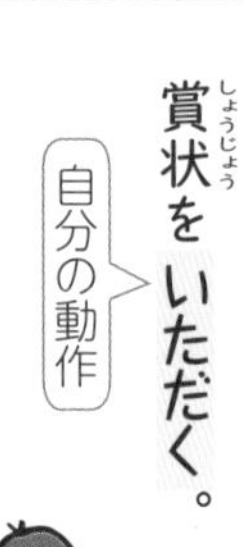

① 特別な言葉を使った言い方
例 もらう・食べる→いただく　行く→うかがう・参る

② 「お(ご)〜する」という言い方
例 先生に手紙をお送りする。　先生にご相談する。

❸ ていねい語

ていねいな言い方

田中光一

田中(たなか)です。よろしくお願いします。

① 「です」「ます」「ございます」を使った言い方
例 ぼくは小学五年生です。

② 「お」「ご」をつけた言い方
例 お米・お茶・ご飯

基本練習

答えは別さつ6ページ　できなかった問題は、復習しよう。

1 次の文は、後のア〜ウのどれを説明したものですか。記号で答えましょう。

(1) 「です」「ます」「ございます」などの言葉を使い、相手をうやまう気持ちを表す言葉。〔　　〕

(2) 相手の動作を高めて言うことで、相手をうやまう気持ちを表す言葉。〔　　〕

(3) 自分の動作を低めて言うことで、相手をうやまう気持ちを表す言葉。〔　　〕

ア　尊敬語　　イ　けんじょう語
ウ　ていねい語

2 敬語を使った言い方のほうに○をつけましょう。

(1) ア（　）わたしの姉は、中学生だ。
イ（　）わたしの姉は、中学生です。

(2) ア（　）先生のペンを借りる。
イ（　）先生のペンをお借りする。

(3) ア（　）先生が黒板に字を書かれる。
イ（　）先生が黒板に字を書く。

3 次の――線部の言葉について、文に合う敬語を□から選んで書きましょう。

(1) 先生は職員室にいる。〔　　〕

(2) お客様におみやげをもらう。〔　　〕

(3) ぼくは、今から先生の家に行く。〔　　〕

うかがう　いらっしゃる
くださる　いただく

4 次の――線部を、ていねい語を使った言い方に直しましょう。

(1) 私は本を読む。
↓私は本を〔　　〕。

(2) ぼくの妹は小学一年生だ。
↓ぼくの妹は〔　　〕。

言葉のきまり　方言と共通語

20 地方によって、言い方がちがうの？

学習日　月　日

★方言と共通語

ある地方だけで使われる言葉を**方言**、全国のどの地方の人にも通じる言葉を**共通語**といいます。

1 方言と共通語のちがい

① 言葉のちがい

地方によって、ちがった言葉を使う。

例

② アクセントのちがい

同じ言葉でも、地方によって、アクセントがちがうことがある。

例 **くつ**

〈共通語〉「く」は低く、「つ」は高く発音。

高	つ
低	く

〈近畿(きんき)地方など〉「く」は高く、「つ」は低く発音。

高	く
低	つ

2 方言の特ちょう

① 独特(どくとく)な表現(ひょうげん)をふくんだ言葉づかいで、ある地方だけで通用する。

例 **とても** → まっさか〈群馬(ぐんま)〉・ぼっけえ〈岡山(おかやま)〉・わっぜ〈鹿児島(かごしま)〉

ありがとう → かんぼん〈秋田(あきた)〉・だんだん〈島根(しまね)〉・ちょーじょ〈熊本(くまもと)〉

② その地方にくらす人たちの気持ちや感覚を、言い表すことができる。

しばれるなあ。（とても寒いなあ。）〈北海道(ほっかいどう)・東北(とうほく)地方〉

3 共通語の特ちょう

① 全国のどの地方の人にも通じる。

② 改まった場面などで使われる。

全国向けのニュース

講演会(こうえんかい)など

方言と共通語、それぞれのよいところを考えてみてね。

基本練習

答えは別さつ6ページ　できなかった問題は、復習しよう。

1 次の会話文で、AとBは、方言・共通語のどちらを話していますか。

A「ごめんやす。おしまいやす。」
（ごめんください。こんばんは。）
B「あらまあ。お久しぶりですね。」
A「はい。夜おそうに、すんまへん。」
（はい。夜おそくに、すみません。）
B「どうぞ、お上がりください。」

A〔　　　〕　B〔　　　〕

2 共通語と、近畿地方などの方言では、「服」はアクセントがちがいます。共通語のアクセントに○をつけましょう。

ア（　）「ふ」は低く、「く」は高く発音する。

高	く
低	ふ

イ（　）「ふ」は高く、「く」は低く発音する。

高	ふ
低	く

3 次の文は、方言・共通語のどちらについて説明したものですか。記号で答えましょう。

(1) 全国向けのニュースで使われる言葉。〔　　〕
(2) ある地方だけで使われる言葉。〔　　〕
(3) 全国のどの地方の人にも通じる言葉。〔　　〕
(4) その地方にくらす人々の生活と深く結び付いている言葉。〔　　〕
(5) 講演会などの改まった場面などで使われる言葉。〔　　〕

ア　方言　　イ　共通語

2章 言葉のきまり

21 話し言葉と書き言葉を使い分けよう

学習日 月 日

★話し言葉と書き言葉の使い分け

わたしたちが使う言葉には、**話し言葉**と**書き言葉**がありま す。場面や相手に合わせて正しく使い分けましょう。

❶ 話し言葉の特ちょう

話をするときに使う言葉

声で伝える。

① 話すときの表情・身ぶり・声の強弱・話す速さなどで気持ちを表すことができる。

② 物を直接指し示すことができるので、より短い言葉で伝えられる。

例 それ、わたしも買ったよ。

③ 話す相手によって、敬語や方言、うちとけた言い方など、いろいろな話し方ができる。

例 友達には→「じゃあ、またね。」
先生には→「さようなら。」

❷ 書き言葉の特ちょう

文章を書くときに使う言葉

文字で伝える。

① 書くときは、じっくり見直して改めることができる。
読むときは、後から何度でも、くり返して読むことができる。

② 漢字を使うことで、同じ発音の言葉を区別することができる。

例 「市立」と「私立」 ←どちらも「しりつ」

作文を書くときの注意点

(1) 文末は「〜です。」「〜ます。」か、「〜だ。」「〜である。」のどちらかにそろえる。

(2) 話し言葉を使わないようにする。

例 ×すごく厚い本。
○とても厚い本。

基本練習

答えは別さつ7ページ　できなかった問題は、復習しよう。

1 次の文は、話し言葉・書き言葉のどちらについて説明したものですか。記号で答えましょう。

(1) 作文や手紙を書くときに使う。　〔　　〕

(2) 友人や家族と話をするときに使う。　〔　　〕

(3) じっくり見直して、改めることができる。　〔　　〕

(4) より短く、少ない言葉で、情報を伝えることができる。　〔　　〕

(5) 同じ発音の言葉でも、意味を区別することができる。　〔　　〕

ア　話し言葉　　イ　書き言葉

2 話し言葉であるほうに○をつけましょう。

(1) ア（　）あそこに、子ねこがいたよ。
イ（　）体育館のうらに、子ねこがいました。

(2) ア（　）桜がきれいなので、感動しました。
イ（　）うわあ、桜がきれい。

3 次の――線部を、(1)・(2)は「～です。」「～ます。」を使った言葉に、(3)・(4)はていねいな書き言葉に書き直しましょう。

(1) ぼくは、先週の日曜日に図書館に行った。　〔　　〕

(2) 動物園でライオンを見た。　〔　　〕

(3) 集合時間にちょっぴりおくれてしまいました。　〔　　〕

(4) 手伝いをしていて、お皿をわっちゃった。　〔　　〕

復習テスト 2

②章 言葉のきまり

答えは別さつ13ページ

学習日　月　日

得点　／100点

1 次の言葉は、**ア**「和語」、**イ**「漢語」、**ウ**「外来語」のうちのどれですか。記号で答えましょう。また、最も意味の近い言葉を、後の□から選んで書きましょう。【各完答5点　計25点】

(1) 旅館　〔　〕〔　〕

(2) 速さ　〔　〕〔　〕

(3) メッセージ　〔　〕〔　〕

(4) 規則（きそく）　〔　〕〔　〕

(5) 幸せ　〔　〕〔　〕

きまり	伝言	ハッピー
始める	速度	ホテル

2 次の複合語（ふくごうご）をもとの二つの言葉に分けましょう。【各完答5点　計30点】

(1) うで時計　〔　〕＋〔　〕

(2) こま回し　〔　〕＋〔　〕

(3) 細長い　〔　〕＋〔　〕

(4) 見づらい　〔　〕＋〔　〕

(5) 走り続ける　〔　〕＋〔　〕

(6) 引き返す　〔　〕＋〔　〕

3

次の文の――線部の敬語の種類を後から選び、記号で答えましょう。

【各4点　計24点】

(1) 校長先生が給食をめしあがる。〔　　〕

(2) 保健委員からお知らせがあります。〔　　〕

(3) 父の知り合いの方から本をいただく。〔　　〕

(4) お客様をご案内する。〔　　〕

(5) ぼくは絵をかくことが好きです。〔　　〕

(6) 先生が本をお読みになる。〔　　〕

ア　尊敬語　　イ　けんじょう語　　ウ　ていねい語

4

方言よりも共通語を使ったほうがよいときに○をつけましょう。

【各3点　計6点】

(1)
ア（　）おさななじみと久しぶりに会ったとき。
イ（　）学級会で司会をするとき。

(2)
ア（　）全国向けのラジオ放送をするとき。
イ（　）近所の人とあいさつをするとき。

5

次の――線部を、(1)は「～です。」「～ます。」を使った言葉に、(2)・(3)はていねいな書き言葉に書き直しましょう。

【各5点　計15点】

(1) クリスマスにおいしいケーキを食べた。〔　　〕

(2) すっごく大きい船が港に入ってきました。〔　　〕

(3) 宿題を持ってくるのをわすれちゃった。〔　　〕

22 登場人物はだれ? どんな人かな?

学習日 月 日

★登場人物をつかもう

登場人物とは、物語の中に出てくる人のことです。読むときは、登場人物はだれか、どんな人かをつかむことが大切です。

1 登場人物はだれか

昔話「桃太郎(ももたろう)」の登場人物を確認(かくにん)してみましょう。

「桃太郎」の登場人物

主人公 その話の中心となる人。

桃太郎

その他の登場人物

おじいさん　おばあさん　イヌ　サル　キジ　おに

動物や植物でも、人間のように話したり考えたりするならば「登場人物」だよ。

2 登場人物はどんな人か

登場人物がどんな人かを知るには、年れいや性別(せいべつ)、様子などに注目します。「桃太郎」で確認してみましょう。

おじいさんとおばあさんが桃(もも)を切ると、中から元気のいい男の赤ちゃんが飛び出してきました。その赤ちゃんを、二人は桃太郎と名づけました。桃太郎は二人のもとですくすくと育ちました。

強い男の子に成長した桃太郎は、ある日、鬼ケ島(おにがしま)へおに退治(たいじ)に出かけることにしました。桃太郎は、おばあさんに作ってもらったきびだんごを持って出発しました。

・元気のいい男の赤ちゃん。

・「桃太郎」という名前。おじいさんとおばあさんに育ててもらった。

・おに退治に行く。強くて勇気のある男の子。

物語は、主人公を中心に話が進んでいくんだね。

基本練習

答えは別さつ7ページ　できなかった問題は、復習(ふくしゅう)しよう。

3章 物語

1 次の文章を読んで、後の問いに答えましょう。

今日は、ちはるのたん生日。少し早いけれど、もう起きよう。とふとんをはねのけると、足元でねていたねこのトラオが、

「ちはる、もう起きたのかよ。まだ起きる時間じゃないぞ。」

と、ねむたげにつぶやいた。

「だって、今日はわたしのたん生日だもん。起こされる前に、起きたかったの。」

カーテンを開けると、東の空から明るい光が差している。何かいいことがありそうな気がした。

(1) この物語の登場人物の名前を全て書きましょう。

（　　）

(2) ――線部「足元」とありますが、だれの足元ですか。

（　　）

2 次の文章を読んで、後の問いに答えましょう。

いつも何度も起こさないと目を覚まさないちはるが一人で起きてきたので、お母さんは目を丸くした。

「ずいぶん早いじゃない。今日は何かあるの。」

「お母さん、今日は①わたしのたん生日だよ。わすれてたの。」

「あら、ごめんごめん。②わたしったら、うっかりしてたわ。」

小学校の先生をしているちはるのお母さんは、最近とてもいそがしそうだった。

「たん生日をわすれるなんて、ひどいよ。」

ちはるは、おこったふりをしてみせた。

(1) ――線部①・②は、それぞれだれのことですか。文章中の言葉で書きましょう。

①（　　）

②（　　）

(2) ちはるのお母さんの仕事は何ですか。文章中から六字で書きぬきましょう。

③章 物語 登場人物の行動や会話

23 だれが、どうしたの？

学習日　月　日

★登場人物の行動や会話をとらえる

物語では、登場人物の行動や会話によって、話が進んでいきます。行動や会話をとらえながら読みましょう。

① 登場人物の行動をとらえる

次の文章で、「だれが、どうしたか」をおさえて、人物の行動をとらえましょう。

ある日、勇太（ゆうた）が公園に行くと、同じクラスのさくらが、にげてしまった飼（か）い犬のマロンをさがしていた。

そこで、勇太もいっしょにマロンをさがすことにした。

さがし始めて五分くらいたったとき、勇太がベンチの下にかくれているマロンを見つけた。

だれが、どうした？

勇太 → 公園に行った。
さくら → 飼い犬をさがしていた。
二人 → 犬をさがした。
勇太 → 犬を見つけた。

② 登場人物の会話をとらえる

会話とは、登場人物が話す言葉のことで、ふつう、「　」（かぎ）でくくられています。だれが言った言葉なのか（主語はだれなのか）、確認（かくにん）しながら読みましょう。

① 主語がはっきりしているときは、主語をおさえる。

例 健一（けんいち）は、「出かけよう。」と言いました。

→「出かけよう。」と言ったのは、健一。

② 主語が書かれていないときは、前後の内容（ないよう）から、だれが言った言葉かを確（たし）かめる。

例 先生が教室に入ってきた。そして、「山田（やまだ）君、立ちなさい。」と言うと、健一をじっと見つめた。

→すぐ前の文から、言ったのは先生だとわかる。

だれの言葉かな。

基本練習

答えは別さつ7ページ　できなかった問題は、復習しよう。

1 次の文章を読んで、後の問いに答えましょう。

学校から家に帰ると、ちはるあてに宅配便で小さな包みがとどいた。

「お父さんからだ。」

ちはるは、はずむように言うと、包みを持って自分の部屋に向かった。勢いよく①ドアを開けると、ベッドでねていたトラオが、ちはるを見て、しっぽを二、三度ふった。

「ただいま。ねえ、これ見て。」

ちはるが差し出した②包みを見たトラオは、興味深げに鼻をくんくんと鳴らしながら近づいてきた。

(1) ——線部①「ドアを開けると」とありますが、ドアを開けたのは、だれですか。

〔　　　　〕

(2) ——線部②「包みを見たトラオ」は、どうしましたか。次の□に当てはまる言葉を、文章中から六字で書きぬきましょう。

・ちはるに□□□□□□。

2 次の文章を読んで、後の問いに答えましょう。

（この文章は、43ページの続きです。）

「①何だよ、その箱は。」

「お父さんからのたん生日プレゼントだよ。」

「うまい物か。開けてみろよ。」

と言って、トラオが前足を箱にのばすと、ちはるは「②だめ。」と言って、さっと箱を後ろにかくした。プレゼントは、お母さんが帰ってから、いっしょに開ける約束をしていたのだ。

「じゃ、最初から見せるな。おれだって、ひまじゃないんだ。」

トラオは不満そうに、ふんっ、と鼻を鳴らした。

(1) ——線部①「何だよ、その箱は。」と言ったのは、だれですか。

〔　　　　〕

(2) ——線部②「だめ。」と言ったのは、なぜですか。適切なものを次から一つ選び、記号を○で囲みましょう。

ア トラオがプレゼントを食べようとしたから。

イ トラオに見せても価値のわからないものだから。

ウ お母さんといっしょに開ける約束をしていたから。

3章 物語 出来事

24 何が起こって、どうなったのかな？

学習日　月　日

★出来事の様子と順番をとらえよう

物語の中では、さまざまな出来事が起こります。どんな出来事がどんな順番に起こったかをとらえましょう。

1 出来事をとらえる

出来事をとらえるには、いつ、どこで、だれが、どうしたかをおさえます。

出来事の一まとまりのことを、「場面」というよ。

場面　場面　場面

2 出来事が起こった順番をとらえる

出来事を時間の流れにそって順番にとらえることで、物語のあらすじを正しくつかむことができます。

次の文章で、あらすじをとらえましょう。

帰りの会で、①先生が、新しい委員長を決めようとおっしゃった。でも、立候補（りっこうほ）する人はだれもいなかった。
みんながざわざわとさわがしくなったとき、②ユキが、「わたし、やります。」と言って立ち上がった。すると、③みんながいっせいにユキを見て、賛成（さんせい）のはく手をした。

3章 物語

基本練習

答えは別さつ7ページ　できなかった問題は、復習しよう。

1 次の文章を読んで、後の問いに答えましょう。

学芸会当日。四年生の出し物が終わり、いよいよ次はかおるのクラスのげきの番だ。道具係のかおるたちは、衣しょうや小道具を何度も確認し、準備ばんたんで本番にのぞんだはずだった。ところが、もうすぐ本番というときに、まほう使い役のステッキがなくなった。まほう使い役の愛ちゃんは、青ざめた顔で今にも泣きだしそうだった。

「もう一度、教室にもどってさがそう。まだ間に合うよ。」

かおるは自分に言い聞かせるように言うと、大急ぎで体育館を出て、校舎に向かってかけだした。

(1) げきの本番直前に、起こったことが書かれている一文の、初めの四字を書きぬきましょう。

□□□□

(2) (1)のことが起こった後、かおるがしたことを、文章中から二字で書きぬきましょう。

・□□に向かってかけだした。

2 次の文章を読んで、後の問いに答えましょう。

かおると同じ道具係の田中君や村田さんも、あとからついてきた。

「田中君は教室の前のほう、村田さんは後ろのほうをさがして。わたしは図工室を見てくる。」

「わかった。見つけたら、すぐ知らせる。」

と言って、田中君たちは教室に入っていった。

かおるは図工室に入って一生けんめいにさがしたが、ステッキは見つからない。あきらめてろう下に出ると、田中君が手にステッキを持って走ってきた。

「あった、あったよ。ごみ箱の中に入っていたんだ。」

(1) 次の四つの文が、この場面の出来事の順番になるように、（　）に番号を書きましょう。

（　）かおるが図工室でステッキをさがした。

（　）田中君たちがかおるについてきた。

（　）田中君たちが教室に入っていった。

（　）田中君がステッキを手に持ち、走ってきた。

25 風景や場面の様子を表す言葉をおさえよう

学習日　月　日

★物語の情景

物語にえがかれている風景や場面の様子は、登場人物の感情が加わったもので、それを情景といいます。情景をとらえることは、物語を読むうえでとても大切なことです。

❶ 情景を表す表現

情景を表す表現の例

- よく晴れた日だった。
- 青い空に、白くふわふわした雲がうかんでいた。
- さわやかな風がふいていた。
- 赤い自動車が、大きなエンジン音を立てて通り過ぎた。

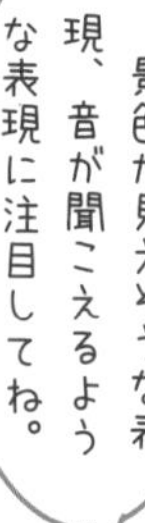

❷ 情景をとらえる

情景をとらえるときは、次のような表現に注意しましょう。

① 時・場所・気候などを表す表現

例 ある寒い日、日がくれかけた校庭で、少年がサッカーの練習をしていた。

② 色・形・動き・音・においなどを表す表現

例 台所に、カレーのおいしそうなにおいがただよっている。

③ たとえ（比ゆ）などの表現

例 夏の夜空に上がった花火は、まるで色とりどりの宝石のようだった。

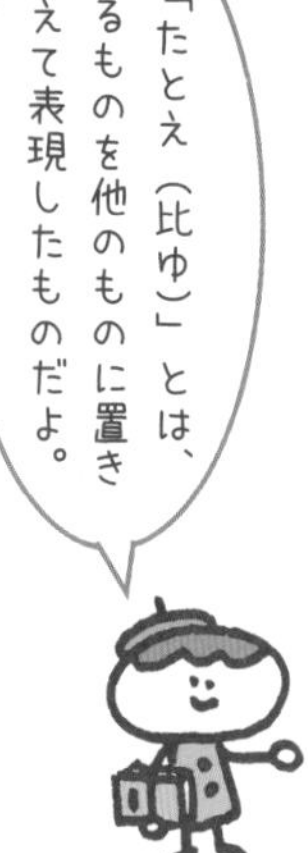

「たとえ（比ゆ）」とは、あるものを他のものに置きかえて表現したものだよ。

基本練習

答えは別さつ8ページ　できなかった問題は、復習しよう。

1 次の文章を読んで、後の問いに答えましょう。

公太と菜実は、暑さを少しでもやわらげようと、しばふに水をまくことにした。公太が水をまくと、しばふは生き返ったようにきらきらとかがやきだした。菜実は、まぶしそうに何度かまばたきをした。水気をすったしばが、むっとした熱気を発している。

庭のおくには、太陽の光を浴びながら、たくさんのひまわりがゆれている。

(1) この場面の季節は、春・夏・秋・冬のいつですか。〔　　〕

(2) この文章からは、どんな様子が想像できますか。適切なものを次から一つ選び、記号を○で囲みましょう。

ア 日差しがやわらかく、あたたかい様子。
イ 日差しが強く、とても暑い様子。
ウ さわやかで、過ごしやすい様子。

2 次の文章を読んで、後の問いに答えましょう。

いつの間にか太陽は、公太の頭の真上にきていた。ひまわりの向こうに、真っ青な海が見える。海の上に広がった空もまた、これ以上ないくらいのあざやかな青色だ。

空には、もこもことした白い雲がうかんでいる。菜実は、

「あの雲、わたがしみたいだね。わたし、食べたくなっちゃった。」

と言った。

(1) この場面は、一日のうちの、朝・昼・夜のいつですか。〔　　〕

(2) ――線部「海」と「空」は、何色ですか。一字で書きましょう。□

(3) 菜実は、空にうかんだ雲の様子を、何にたとえていますか。〔　　〕

3章 物語

26 気持ちを表す言葉をおさえよう

登場人物の気持ち①

学習日　月　日

★気持ちを表す言葉をおさえるには？

物語を読むときは、登場人物の**気持ち**（**心情**）を読み取ることが大切です。

次のような部分に着目して人物の気持ちをおさえましょう。

❶ 気持ちを表す表現

次のような表現の前の部分に、人物の気持ちが書かれています。

気持ちを表す表現の例

～と思った。	～と感じた。
～と考えた。	～という気持ちになった。
～という気がした。	～したい。

例　太一は、このまま夏休みがずっと続けばいいのに、と思った。

❷ 気持ちを直接表す言葉

「うれしい」「悲しい」などは、気持ちをそのまま表す言葉です。他にも次のようないろいろな言葉があります。

気持ちを直接表す言葉の例

安心する・満足だ・おどろく・いらだつ
感動する・楽しい・あわてる・情けない
ときめく・不安だ・不思議だ・とまどう
さびしい・つらい・あきれる・おそれる

例　真理は、徒競走で友達に負けて、くやしかった。

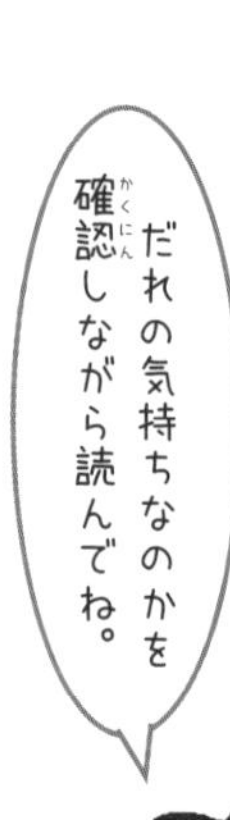

だれの気持ちなのかを確認しながら読んでね。

例　わたしは、がっかりした様子で帰っていく田中さんの後ろすがたを見送った。

がっかりしたのは、田中さん。

基本練習

答えは別さつ8ページ　できなかった問題は、復習しよう。

1 次の文章を読んで、後の問いに答えましょう。

一輪車のサドルにまたがったとたん、新太はバランスをくずし、しりもちをついた。おしりをさすりながら、周りを見回す。くやしい気持ちが、こみ上げてくる。

少しはなれた所では、みんなの注目を集めながら、陽平がかろやかに前後に進んだり、くるりと一回転したりしてみせていた。おれもあんなふうに乗れたらいいのになあ。

新太は、サドルをつかむ手に力をこめて、立ち上がった。

(1) しりもちをついてしまったときの新太の気持ちを表している言葉を、文章中から四字で書きぬきましょう。

(2) 新太は、一輪車に乗るのが上手な陽平のことをどう思っていますか。適切なものを次から一つ選び、記号を○で囲みましょう。

ア うらやましいと思っている。
イ かっこ悪いと思っている。
ウ たいしたことはないと思っている。

2 次の文章を読んで、後の問いに答えましょう。

ところが、何度ちょう戦しても、サドルにすわることすらできない。ふと気づくと、陽平が心配そうにこちらを見ていた。

「だいじょうぶか、新太。乗り方、教えてあげようか。」

「①ほっといてくれ。おれは一人で乗りたいんだ。」

「そうか……。いっしょに乗れなくて残念だな。」

少し心がちくっとしたけれど、だれにもたよりたくなかった。ようし、これから、毎日一人で練習しよう。たおれたままの一輪車を見つめながら、②新太は心にちかった。

(1) ――線部①「ほっといてくれ。おれは一人で乗りたいんだ。」という新太の言葉を聞いて、陽平ががっかりしていることは、どんな言葉からわかりますか。文章中から二字で書きぬきましょう。

(2) ――線部②「新太は心にちかった」とありますが、どんなことを心にちかったのですか。そのことが書かれている一文を文章中からさがし、初めの三字を書きぬきましょう。

27 会話や行動から気持ちを想像しよう

学習日　月　日

登場人物の気持ちは、会話や行動からも読み取ることができます。物語を読むときには、次の❶〜❹のポイントをおさえましょう。

★人物の会話や行動に注目

❶ 会話や言葉づかい

会話には、人物の気持ちがよく表れます。会話の内容や言葉づかいから、気持ちを想像しましょう。

例 「おい、何度言ったらわかるんだ。」
→おこっている。

おこっているときは、らん暴な言葉づかいになりがちだね。

❷ 話し方（口調）や声の調子

人物の気持ちは、口調や声の調子にも表れます。例えば、次のような口調や声に人物の気持ちが表れます。

例 おだやかな口調、はげしい口調、はずんだような声、おし殺したような声　など。

❸ 行動・様子や態度

人物の気持ちは、行動や態度と結び付いています。例えば、「ため息をつく」という様子は、心配やがっかりした気持ち、または、ほっとした気持ちなどを表します。

例 試験に落ちた兄は、何も言わずに部屋に入っていった。
→ショックを受け、つらい。

❹ 顔の表情

気持ちは、顔の表情にも表れます。例えば、うれしいときはにっこり笑った顔になり、おこっているときはきつい表情になりますね。

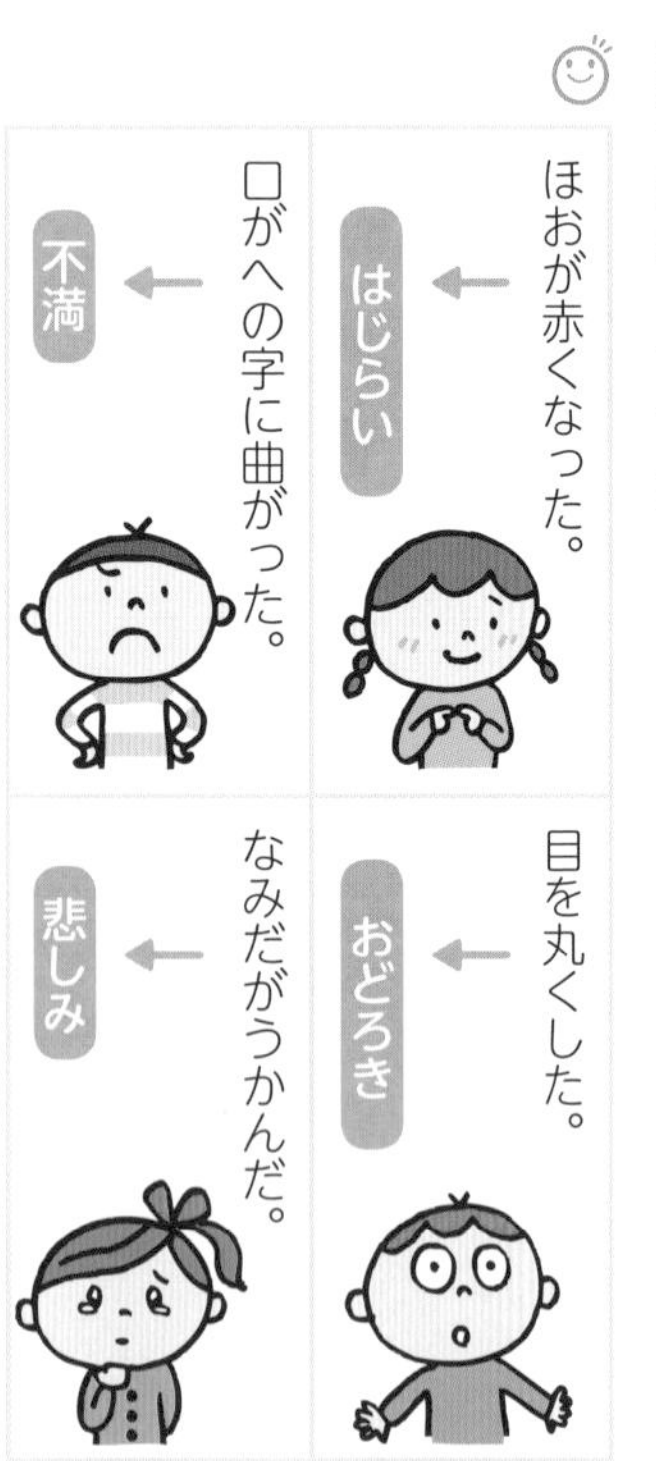

ほおが赤くなった。
はじらい
目を丸くした。
おどろき
口がへの字に曲がった。
不満
なみだがうかんだ。
悲しみ

基本練習

答えは別さつ8ページ　できなかった問題は、復習しよう。

1 **次の文章を読んで、後の問いに答えましょう。**

夕方、だれもいなくなった公園で、新太が一輪車の練習を始めたときだった。

「おい、そんなやり方じゃあ、いつまでたっても乗れんぞ。」

どこからともなく、つえをついた見知らぬおじいさんが現れた。

「なんだ、お前。サドルにすわることもできんのか。よし、わしが特訓してやる。」

新太は、うたがわしげにじろじろ見ながら言った。

「おじいさん、一輪車に乗れるんですか。」

おじいさんは、つえをコツコツと何度も地面に打ちつけた。

「そんなことより、それ、早く乗ってみろ。」

(1) ――線部「つえをコツコツと何度も地面に打ちつけた」とありますが、この時、おじいさんはどのような気持ちだったと考えられますか。適切なものを次から一つ選び、記号を○で囲みましょう。

ア 新太を特訓するのが楽しみで、うきうきしている。

イ 新太が自分をうたがっているので、落ちこんでいる。

ウ 新太がぐずぐずしているので、いらいらしている。

2 **次の文章を読んで、後の問いに答えましょう。**

（この文章は、51ページの続きです。）

おじいさんのきびしい特訓によって、なんとかサドルにすわることはできるようになった。

「ありがとう。おじいさんのおかげだよ。」

「ふむ。意地を張らず、たまには人の力を借りるもんだ。」

「えっ、どうして……。」

まばたきした一しゅんの間に、おじいさんのすがたは、きえていた。でも、新太を支えてくれていたおじいさんの手の温かさは、まだ残っていた。新太は急に身ぶるいがした。

(1) ――線部「えっ、どうして……。」とありますが、この言葉から、新太のどんな気持ちがわかりますか。適切なものを次から一つ選び、記号を○で囲みましょう。

ア 意地を張っていたことを知られていたおどろき。

イ お礼に対して、いいかげんな返事をされたいかり。

ウ 自分の気持ちを理解してもらえた喜び。

(2) 新太がこわくなったことがわかる動作が書かれている一文の初めの三字を書きぬきましょう。

③章 物語

登場人物の気持ち③

28 情景から気持ちを想像しよう

学習日　月　日

★情景から気持ちが想像できる

物語では、情景によって登場人物の気持ちが想像できる場合があります。（「情景」については、48ページで学習。）

●情景から気持ちを想像する

人物の気持ちを表すために、情景がえがかれることがあります。例えば、「青空」からはさわやかな気持ちが、「くもり空」からは不安な気持ちが想像できます。

◆情景がえがかれた部分に注目しましょう。

① 天気
例 急にかみなりが鳴り、雨がふりだした。
↓ 不安・おそれ

② 風景
例 空一面に、たくさんの星が光っていた。
↓ 希望・明るさ

③ 明るさ・色・温度
例 まどから、明るい日差しが差しこむ。
↓ おだやかさ

④ 音
例 真夜中に、ただ虫の音だけがひびいている。
↓ さびしさ

次の❶と❷の文章で、——線部の情景から受ける感じやふん囲気をつかみ、気持ちとのつながりを確認してみましょう。

❶ 兄とけんかをしたたくやは、一人で家を出た。外は雨がふっていて、空には、なまり色の雲が、低くたれこめていた。

情景：雨がふっていて、暗いふん囲気。
↓
人物の気持ち：ゆううつで、すっきりしない気持ち。

❷「こんな所にいたら、かぜひくぞ。さあ、帰ろう。」たくやは、兄とならんで歩いた。雨上がりの空に、にじがかかっていた。

情景：雨がやんで、にじがかかり、明るいふん囲気。
↓
人物の気持ち：すがすがしく、希望にあふれた気持ち。

情景をとおして、人物の気持ちを想像することができるんだね。

答えは別さつ8ページ　できなかった問題は、復習しよう。

1 次の文章を読んで、後の問いに答えましょう。

次の日の放課後、新太は、一輪車を持って校庭に出た。①うす暗くなった校庭には、だれもいなかった。練習を始めると、②冷たい風が、新太に向かってふきつけた。負けるもんか、と心の中でつぶやいた。

そんな新太のすがたに気づいたのか、いつの間にか陽平たちも集まって、いっしょに一輪車に乗り始めた。新太が乗り方のこつをたずねると、陽平は快く教えてくれた。

(1) ——線部①「うす暗く……いなかった。」とありますが、この情景は、新太のどんな気持ちと結び付いていますか。適切なものを次から一つ選び、記号を〇で囲みましょう。

ア 心細い気持ち。

イ 強がっている気持ち。

ウ 落ち着いた気持ち。

(2) ——線部②「冷たい風が、新太に向かってふきつけた」とありますが、このときの新太の気持ちを文章中から六字で書きぬきましょう。

2 次の文章を読んで、後の問いに答えましょう。

（この文章は、53ページの続きです。）

その次の日も、陽平に教わりながら練習していると、初めて手を放して数メートル進むことができた。すると、みんなは新太を囲んで、はく手をした。一輪車に乗って見た向こうの山々の紅葉は、いっそうあざやかだった。

新太は、顔を赤らめて陽平に言った。

「このあいだは、あんな態度を取って、ごめん。」

「気にしてないよ。これからは、いっしょに乗ろうな。」

笑い合う二人の顔を、オレンジ色の夕日が照らしていた。

(1) 初めて一輪車に乗れたときの新太の喜びが、情景から想像できる一文を文章中からさがし、その初めの三字を書きぬきましょう。

(2) ——線部「オレンジ色の夕日が照らしていた」とありますが、この情景には、どんな気持ちが表れていますか。適切なものを次から一つ選び、記号を〇で囲みましょう。

ア 新太にあやまられた陽平の、とまどう気持ち。

イ 陽平に笑われた新太の、はずかしい気持ち。

ウ 心が通じ合った新太と陽平の、明るい気持ち。

復習テスト 3

③章 物語

答えは別さつ14ページ

学習日　　月　　日　　得点　　／100点

1 次の文章を読んで、後の問いに答えましょう。

〈小学校五年生の一子は、土曜日になると、一子の家が経営しているほたる館という旅館の仕事を手伝っている。学校からの帰り道、後ろから追いついた仲良しの雪美から声をかけられた。〉

「いっちゃん、今日、遊べんの？　土曜日だからだめ？」

①「うん……だめ。」

一子は歩き出した。雪美が横にならぶ。

「今日は、団体さんが入ってるんよ。いそがしいから、手伝わんとあかんの。」

「そう。②いっちゃん、えらいね。」

雪美に言われて、一子は、ちょっと良い気分になった。

「仲居さんかて、やとなさんかて、数が足らんのよ。」

やとなさんというのは、いそがしい時だけ手伝いをたのむ臨時の仲居＊さんのことだ。そのやとなさんが集まらない。

「ちょっと前まではな、いそがしい時は、早めに声をかけたら、五人や六人のやとなさん、すぐ集まってたのになあ。」

一子は、わざと大きなためいきをついた。昨夜、お母ちゃんがぶつぶつ言っていた受け売りだ。

＊仲居……旅館などでお客様のお世話や雑用をする人のこと。

（あさのあつこ「ほたる館物語Ⅰ」〈ポプラ社〉より）

(1) この場面の登場人物を、文章中から全て書きぬきましょう。【完答20点】

［　　　　　　　　］

(2) ――線部①「うん……だめ。」とありますが、なぜ一子は雪美と遊ぶことができないのですか。文章中から五字で書きぬきましょう。【10点】

・ほたる館の手伝いで□□□□□から。

(3) ――線部②「いっちゃん、えらいね。」と言われた一子の気持ちが表れている部分を、文章中から十二字で書きぬきましょう。【20点】

□□□□□□□□□□□□

2 次の文章を読んで、後の問いに答えましょう。

〈ほたる館のある町を見下ろすように朝日ホテルという大きなホテルが建った。ほたる館の仲居さんややとなさんたちも、朝日ホテルにひっぱられていった。〉

「雪ちゃん、ごめんな。あした遊ぼ。」

「うん、がんばって。」

雪美に、さいならと手をふって、一子はかけだした。みやげもの屋が続けて二軒、喫茶店、花屋、美容室、また、みやげもの屋、ここには、こけしまんじゅうと書かれたこけしの形のかんばんがかかっている。そこを左に曲がると、空き地。ここがほたる館の駐車場になっていた。送迎用のマイクロバスが、ぽつんととまっている。

その横が、ほたる館。

一子は、玄関の前で足ぶみした。息をととのえる。前庭も、玄関もきれいにそうじされ、*打ち水がしてあった。黒々とぬれ六月の陽をはじく敷石も、玄関前の青竹のすがすがしさも、それなりに*おもむきがあるのだろうが、さっき、見上げた朝日ホテルのごうかさにくらべれば、やっぱり*しんきくさいと、思えてしまう。

一子は、大きく深呼吸した。

よし、がんばるぞ。

*打ち水……玄関などに水をまくこと。ほこりを立ちにくくしたり、すずしさをよんだりする効果がある。

*おもむき……落ち着いていて味わいのある感じ。

*しんきくさい……じれったくてやりきれない。

（あさのあつこ「ほたる館物語Ⅰ」〈ポプラ社〉より）

(1) 一子は朝日ホテルにくらべて、ほたる館のことをどのように思っていますか。次の□に当てはまる言葉を、四字と六字で書きぬきましょう。【完答30点】

・□□□□はあるが□□□□□□。

(2) ——線部「一子は、大きく深呼吸した。」とありますが、この時の一子の気持ちとして適切なものを次から一つ選び、記号で答えましょう。【20点】

ア 大きな朝日ホテルをうらやましいと思う気持ち。

イ 気を引きしめて、しっかり手伝おうという気持ち。

ウ 雪美と遊ぶことができず、悲しい気持ち。

〔　　〕

4章 説明文 指示語

29 「これ」「それ」が指しているのは？

学習日　月　日

★指示語が指す内容をおさえよう

「これ」「そこ」「あちら」「どの」のように、何かを指し示す言葉を指示語（こそあど言葉）といいます。

説明文を読むときは、指示語が指している内容をおさえながら読みましょう。

❶ 指示語の指す内容

説明文でよく使われるのは、「こ」と「そ」のつく指示語で、次のように、指す内容によって形がちがいます。

	物	場所	方向	指定	様子
こ	これ	ここ	こちら こっち	この	こんな こう
そ	それ	そこ	そちら そっち	その	そんな そう

例　牛にゅうを温めると、表面にうすいまくができる。これは、おもにタンパク質である。

指示語が指す内容は、指示語の前にあることが多いよ。

❷ 指示語の内容をとらえる手順

① 指示語の後の言葉に注目して、ヒントをつかむ。
② ヒントを手がかりにして、指示語の前から指し示す内容をさがす。
③ さがした言葉を指示語の部分に当てはめて、文がうまくつながるかどうかを確かめる。

この手順で、次の例文の指示語の内容をつかみましょう。

例　スズメがえさをとりに、麦畑に飛んでくる。ヒバリもそこに飛んでくる。（指示語）

① 「そこ」の後は「～に飛んでくる」なので、"ヒバリはどこに飛んでくるのか"と考える。
② 指示語の前から、場所を表す言葉をさがすと、「麦畑」が見つかる。
③ 「そこ」に「麦畑」を当てはめると、「ヒバリも麦畑に飛んでくる。」となり、文がうまくつながるので、正解だとわかる。

「どこに飛んでくるのか」のように、疑問の形にして考えるとわかりやすいよ。

4章 説明文

基本練習

答えは別さつ9ページ　できなかった問題は、復習しよう。

1 次の文章を読んで、後の問いに答えましょう。

シマリスは、寒くなると「冬みん」をする動物です。シマリスは、なぜ冬みんをするのでしょうか。

森の中にすむシマリスは、春から秋の間は、①そこにたくさんある木の実などをえさとして食べています。しかし、冬になると、えさはとても少なくなります。もし、冬の間も活動するとしたら、寒い中でもふだんの体温を保ったまま、えさをさがし回らなければなりません。そこで、冬みん中は②それよりも低い状態にし、じっと休んで、なるべく体内のエネルギーを使わなくてすむようにしているのです。

(1) ——線部①「そこ」が指している言葉を、文章中から三字で書きぬきましょう。

□□□

(2) ——線部②「それ」が指している言葉を、文章中から六字で書きぬきましょう。

□□□□□□

2 次の文章を読んで、後の問いに答えましょう。

シマリスは、冬みんをする前に、えさを巣あなにたくわえます。そして、冬みん中でもときどき目を覚まし、①そこにたくわえていたえさを食べたり、ふんを出したりします。

ところが、ヤマネという動物は、シマリスとはちがって、冬みん中はほとんど身動きをしません。②これは、冬みん中に使われる体内のエネルギーを、最小限にするためです。

(1) ——線部①「そこ」が指している言葉を、文章中から三字で書きぬきましょう。

□□□

(2) ——線部②「これ」が指している内容を、次の□に当てはまるように、文章中から十二字で書きぬきましょう。

・ヤマネが、□□□□□□□□□□□□をしないこと。

30 どんな関係でつながっているの？

学習日　月　日

★接続語で説明文の流れをつかもう

「だから」や「しかし」などのように、言葉と言葉、文と文、段落と段落をつなぐ言葉を**接続語**（**つなぎ言葉**）といいます。

接続語の前後の関係をつかむには、接続語の種類と働きを知っておくことが大切です。

❶ 接続語の種類

①そのままつなぐ	例 だから・ですから・それで・したがって
②反対の内容をつなぐ	例 しかし・でも・けれども・ところが
③付け加える	例 また・そして・そのうえ・しかも
④比べる・選ぶ	例 あるいは・または・それとも
⑤説明を加える	例 なぜなら・つまり・ただし・例えば
⑥話題を変える	例 ところで・さて・では

❷ 基本となるのは「だから」と「しかし」

上の表の接続語のうち、基本となるのは①と②の接続語です。①は順接、②は逆接とよばれます。

順接…**当然の結果をつなぐ。**

逆接…**予想されることとはちがう内容をつなぐ。**

次の例で、①の「だから」と②の「しかし」の使い方を確かめておきましょう。

順接と逆接のちがいをしっかりつかんでね。

チーターは、走るのがとても速い。

順接 **だから**、→ 走って、他の動物をつかまえる。

逆接 **しかし**、→ あまり長く走ることはできない。

基本練習

答えは別さつ9ページ　できなかった問題は、復習しよう。

1 次の文章を読んで、後の問いに答えましょう。

さばくでは、食べ物や水を簡単に得ることはできません。けれども、ラクダは一週間以上も飲まず食わずで生きることができます。それは、なぜでしょうか。

そのひみつは、まず、ラクダのせなかのこぶの中にあります。こぶの中には「しぼう」がためこまれていて、何も食べられないときには、栄養分として使われます。また、ラクダは、水分をからだ全体にたくわえているうえに、からだの外に、水分をあまり出さないようにしています。

［　］、昔からラクダは、さばくでの旅で荷物を運ぶ動物として利用されてきたのです。

(1) ——線部「けれども」と同じ働きをする接続語として適切なものを次から一つ選び、記号を○で囲みましょう。

ア　したがって　イ　しかし　ウ　しかも

(2) ［　］に当てはまる接続語として適切なものを次から一つ選び、記号を○で囲みましょう。

ア　ですから　イ　ところが　ウ　さて

2 次の文章を読んで、後の問いに答えましょう。

ラクダが、さばくを旅するのに適している特ちょうは、他にもあります。

［①］、さばくのすなぼこりが入るのをさけるために、目には長いまつげがあり、耳は長い毛でおおわれています。鼻のあなも自由に開けたりしめたりできます。［②］、すなの上でも歩きやすいように、足のうらは広くなっていて、厚い肉が付いています。

ラクダは長い年月をかけて、このように、さばくに合った体のつくりになったと考えられています。

(1) ［①］・［②］に当てはまる接続語として適切なものを次から選び、それぞれ記号で答えましょう。

ア　それで　イ　ところが　ウ　あるいは

エ　また　オ　さて　カ　例えば

①［　　］

②［　　］

4章 説明文 話題

31 何について書いた文章かな？

学習日　月　日

★文章の話題をつかもう

話題とは、何について書いた文章か、ということです。説明文を読むときは、まず、話題をつかむ必要があります。話題をつかむには、次の❶・❷に注目しましょう。

❶ 文章の初め（書きだし）の部分

・多くの場合、話題は、文章の初めに示されています。

・話題は、読み手への問いかけの文で示されることもあります。

問いかけの文とは

「～でしょうか。」や「～だろうか。」など、文の終わりが「～か。」という形をした文。

例 ・神社の入り口には、どうして鳥居があるのでしょうか。

・なぜ、イワシは群れをつくって泳ぐのだろうか。

❷ 文章中でくり返し使われている言葉

・文章中のキーワード（くり返し使われている言葉）から話題をつかむこともできます。

次の文章で確認してみましょう。

「キーワード」とは、「かぎとなる言葉」という意味だよ。

例 目にごみが入ると、なみだが流れます。なみだが流れるのは、なみだでごみを目の外におし出し、目がきずつかないようにするためです。なみだには、目を守る働きがあるのです。

キーワードは「なみだ」で、この文章の話題は、「なみだの働き」。

基本練習

答えは別さつ9ページ　できなかった問題は、復習しよう。

1 次の文章を読んで、後の問いに答えましょう。

現在の世界の総人口は七十億人をこえています。もちろん、あなたもその中の一人です。世界の総人口は、昔からこのように多かったのでしょうか。

今から約二百年前の西暦千八百年ごろは約十億人、その百年後の西暦千九百年を過ぎたころは約二十億人だったとみられています。したがって、西暦千九百年からの約百年間における人口増加のスピードは、それまでと比べて、とても速いといえます。

(1) この文章の話題を、問いかけの形で示している一文を文章中からさがし、その初めの三字を書きぬきましょう。

(2) ――線部「西暦千九百年からの約百年間」に、世界の総人口はどれくらい増えましたか。適切なものを次から一つ選び、記号を○で囲みましょう。

ア　十億人　　イ　二十億人　　ウ　五十億人

2 次の文章を読んで、後の問いに答えましょう。

世界の総人口が急げきに増えたのには、いくつかの理由があります。

この数十年で科学技術がめざましく進歩し、医学では新しい薬や治りょう法が開発されました。また、農業では機械化や肥料の改良による食料の増産などが進みました。さらに、トラックや飛行機など、貨物を輸送する方法が進歩し、食料などが行きわたるはん囲が広がりました。

その結果、多くの人が病気やうえから救われるようになり、なくなる人の数が減りました。こうして、世界の総人口が急げきに増えたのです。

(1) この文章の話題は、何ですか。次の□に当てはまる言葉を、文章中から十四字で書きぬきましょう。

・□□□□□□□□□□□□□□理由。

4章 説明文 32 筆者が伝えたいことは？

事実と意見の読み分け

学習日　月　日

★筆者が最も伝えたいこと

説明文は、事実を述べた部分と、それに対する筆者の意見の部分からできています。

筆者が最も伝えたいことを読み取るには、事実と意見を読み分けることが大切です。

❶「事実」と「筆者の意見」

説明文の書き手のことを「筆者」というよ。

説明文

事実
・本当の事がら
・実際にあったこと

＋

筆者の意見
・考え
・思っていること

⇐ その文章で筆者が最も伝えたいことは、筆者の意見の部分に書かれている。

❷ 事実と意見の読み分け方

事実か意見かを読み分けるには、文末表現を手がかりにします。

① 事実が書かれた文

文末表現の例　「〜だ。」「〜である。」「〜ている。」など。

例
・とうふは、大豆から作る食品だ。
・日本の国土は、周囲を海に囲まれている。

② 意見が書かれた文

文末表現の例　「〜してはどうか。」「〜だろう。」「〜と思う。」「〜ようだ。」「〜べきだ。」「〜らしい。」など。

例
・電気自動車の性能は、もっとよくなるだろう。
・人類が火星に行く日が、きっと来ると思う。
・わかい人は、いろいろな経験を積むべきだ。

筆者が最も伝えたいことは、多くの場合、文章全体の初めか終わりにあることも覚えておきましょう。

答えは別さつ9ページ　できなかった問題は、復習しよう。

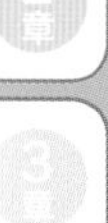

1 次の文章を読んで、後の問いに答えましょう。

①数十年前と比べると、日本の夏の暑さは、きびしくなっていると思う。実際に、一日の最高気温が三十五度をこえる日は、以前はあまりなかった。けれども、そのような日がだんだんと多くなってきた。②このため、二〇〇七年からは、「猛暑日」という言葉が新たに使われるようになっている。

そうはいっても、年によっては冷夏とよばれるすずしい夏になることもある。しかし、長い目で見ると、やはり夏の暑さは年々きびしくなっているといえるだろう。

(1) ――線部①と②の文は、「事実」と「意見」の、どちらを述べていますか。

①〔　　　〕　②〔　　　〕

(2) 筆者の意見が書かれている一文を、――線部以外の文章中からさがし、その初めの三字を書きぬきましょう。

□□□

2 次の文章を読んで、後の問いに答えましょう。

長年の研究によって、地球全体の平均気温は年々高くなっていることがわかっている。これは「地球温だん化」とよばれ、それが原因と考えられるえいきょうが、少しずつ生じている。例えば、南極の氷がとけたり、海水の温度が上がって体積が増えたりして、海面が高くなってきているという報告がある。小さな島から成る国は、やがて島がしずんでしまい、国がなくなってしまうというおそれがある。

地球温だん化が進むと、地球のあちこちで、さらにいろいろな問題が起こると考えられている。したがって、地球温だん化がこれ以上進むことのないように、世界の国々が協力して、対さくをとっていくべきだ。

(1) 筆者が最も伝えたいことが書かれている一文を文章中からさがし、その初めの五字を書きぬきましょう。

□□□□□

33 まとまりごとに内容を読み取ろう

学習日 月 日

★段落の要点をつかもう

文章は、いくつかの段落でできています。説明文を読むときは、段落ごとの要点（筆者が最も言いたい事がら）をおさえながら読むことが大切です。

❶ 段落とは

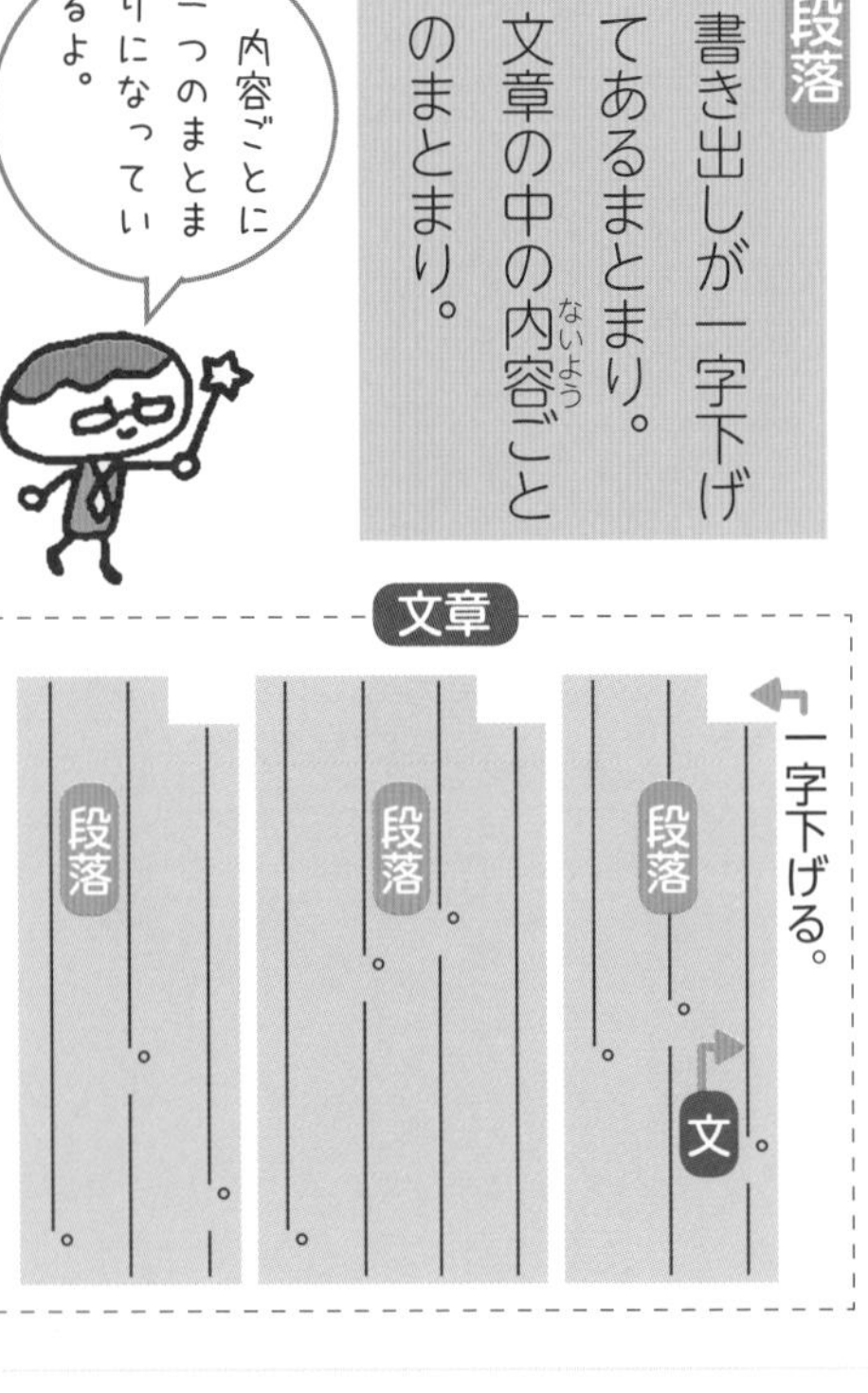

段落
・書き出しが一字下げてあるまとまり。
・文章の中の内容ごとのまとまり。
内容ごとに一つのまとまりになっているよ。
文章
一字下げる。
段落
段落
段落
文

❷ 段落の要点のつかみ方

一つの段落の中で、筆者が最も言いたいことを要点といいます。要点をつかむには、その段落の**中心文（要点がまとめられている一文）**をさがします。

中心文をつかんでね。

次の例文で、要点のつかみ方を確かめましょう。

インターネットが広まり、わたしたちの生活は大きく変わりました。本や服、生活用品などを、インターネットの通信はん売で買う人が増えました。また、年賀状やあいさつの手紙を、メールなどですませる人も多くなりました。

中心文

中心文をわかりやすくするための具体例

要点
インターネットで、わたしたちの生活は大きく変わった。

中心文は、段落の終わりに書かれていることもあります。

答えは別さつ10ページ　できなかった問題は、復習しよう。

1 次の文章を読んで、後の問いに答えましょう。

日本でいちばん南にある沖縄県の特ちょうの一つは、一年中あたたかいことです。沖縄本島の那覇の年間の平均気温は、二十三・九度です。東京の平均気温は十六・五度なので、いかにあたたかいのかがわかります。一月には、沖縄本島の本部町ではヒガンザクラがさきます。

(1) この文章の中心文は、どれですか。文章中からさがし、その初めの三字を書きぬきましょう。

(2) この段落の最後に加える一文として適切なものを次から一つ選び、記号を○で囲みましょう。

ア 三月になると、海水浴ができる所もあります。

イ 五月と六月、八月と九月には集中して雨がふります。

ウ 夏には、七個以上の台風が接近します。

2 次の文章を読んで、後の問いに答えましょう。

沖縄には夏を中心にして、毎年たくさんの人が、いろいろな目的で県外から観光にやってきます。*亜熱帯の動植物にひかれてやってくる人もいれば、昔の琉球王国時代の歴史や文化を見にやってくる人もいます。島を囲む美しいサンゴしょうの海で、ダイビングなどを楽しむために来る人もいます。

*亜熱帯……熱帯と温帯の間にある地帯。

(1) この文章の要点として適切なものを次から一つ選び、記号を○で囲みましょう。

ア 沖縄には、多くの人がいろいろな目的で来る。

イ 沖縄には、亜熱帯の動植物がある。

ウ 沖縄の島は、美しいサンゴしょうで囲まれている。

(2) 沖縄に観光で来る人が多い季節はいつですか。漢字一字で書きましょう。

④章 説明文 段落どうしの関係

34 段落のつながりに気をつけて読もう

学習日 月 日

★段落のつながりに注意しよう

説明文は、いくつかの段落でできています。説明文を読むときには、段落どうしのつながりを考え、文章全体の流れをおさえることが大切です。

❶ 一つ一つの段落の役割

段落どうしのつながりをつかむために、段落の役割をおさえておきましょう。

段落の役割の例

- 話題を示す。
- 具体例を挙げる。
- 理由を述べる。
- くわしく説明する。
- 話題を変える。
- それまでの内容をまとめる。

各段落の要点をつかめば、その段落の役割がわかるよ。

❷ 段落どうしのつながり

段落の初めに接続語や指示語がある場合には、それらが段落どうしのつながりを考える手がかりになります。（接続語については60ページ、指示語については58ページで学習。）

◆段落の初めにある接続語の例

- 「例えば」→具体例を挙げている。
- 「なぜなら」→理由を述べている。
- 「ところで」→別の話題を示している。

◆段落の初めにある指示語の例

- 「このように」→前の段落で説明した内容を、まとめている。

となり合う段落の関係をつかみ、それをつなげることで、文章全体の流れがわかります。

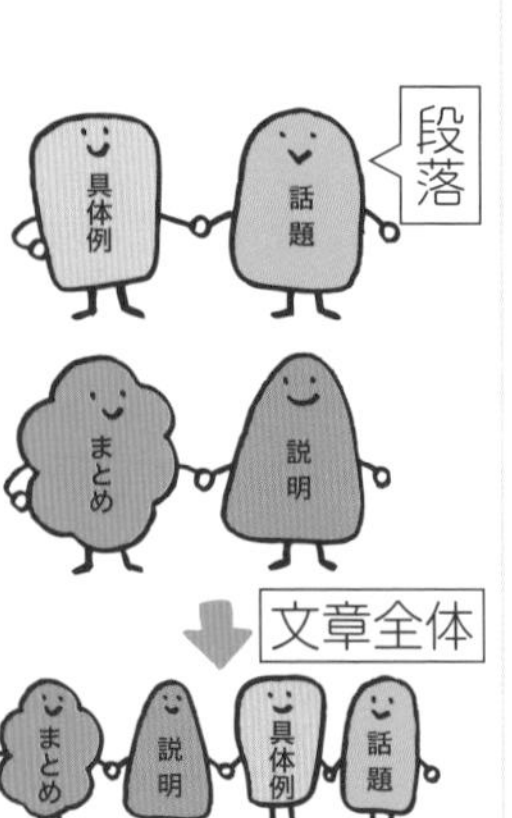

答えは別さつ10ページ　できなかった問題は、復習しよう。

次の文章を読んで、下の問いに答えましょう。

（1～4は段落番号です。）

1昔は当たり前に行われていたこと（常識）が、今では当たり前ではなくなる（非常識）ということはよくあります。

2例えば、中学校や高校の運動部などで、昔は、「うさぎとび」とよばれる運動をよく行っていました。しかし、今ではほとんど行われなくなりました。また、練習中には、水を飲むのをがまんすることが当たり前ということも少なくありませんでした。これも、今では適切に水分をとらせる指導に変わっています。

3なぜなら、「うさぎとび」は、ひざをいためる原因になり、水を飲むのをがまんするのは、命に関わることがあるということが、わかってきたからです。

4このように、医学的な理由によって、昔の常識が今では非常識となっている事例は他にもあります。常識は永久に常識であるとは限らないことを、わたしたちは意識しておくことが大切です。

＊うさぎとび……ひざを曲げてしゃがんだしせいで、前へジャンプする運動。足をきたえる目的で行っていた。

(1) ――線部「今ではほとんど行われなくなりました」とありますが、「うさぎとび」が行われなくなったのは、なぜですか。次の□に当てはまる言葉を、文章中から九字で書きぬきましょう。

・□□□□□□□□□になるから。

(2) 2の段落は、どんな働きをしていますか。適切なものを次から一つ選び、記号を○で囲みましょう。

ア　1の段落で述べた内容の具体例を挙げている。
イ　1の段落で述べた内容の理由を述べている。
ウ　1の段落で述べた内容とは話題を変えている。

(3) 4の段落は、どんな働きをしていますか。適切なものを次から一つ選び、記号を○で囲みましょう。

ア　1～3の段落で述べた内容の具体例を挙げている。
イ　1～3の段落で述べた内容をまとめている。
ウ　1～3の段落で述べた内容を、さらにくわしく説明している。

35 文章全体で最も伝えたいことは？

学習日 月 日

★説明文の要旨をとらえる

説明文で筆者が最も伝えたい内容のことを**要旨**といいます。説明文を読むときは、要旨をとらえることがとても大切です。

「要点（66ページで学習）」と「要旨」は、ちがいます。まず、そのちがいを確かめておきましょう。

要点…一つの段落の中で、筆者が最も言いたい事がら。

要旨…文章全体を通して、筆者が最も伝えたい内容。

要旨をとらえる手順

① 文章全体の**話題**をつかみます。（62ページで学習）

② **まとめの段落**をさがし、その段落の要点をまとめます。

要旨をとらえるときは、最初と最後の段落に注目するといいよ。

次の例文で、要旨のまとめ方を確かめてみましょう。

毎年、相当な面積の熱帯雨林、いわゆるジャングルが減少しています。

→ **話題** 熱帯雨林の減少。

その理由の多くは、＊伐採など人間の活動によるものです。今のままでは、あと数十年で、熱帯雨林はほとんどなくなるだろうと考える科学者もいます。

もし、熱帯雨林がなくなると、そこに生きる動物たちはほろびてしまいます。二酸化炭素が増えて、温だん化が進み、地球全体の気候も大きく変わるでしょう。

これからは世界の国々が協力して、熱帯雨林を守っていく必要があります。

→ まとめの段落

＊伐採……（森林の）木を切りたおすこと。

⇐ **要旨** 熱帯雨林が減少しているので、世界の国々が協力して、熱帯雨林を守っていく必要がある。

基本練習

答えは別さつ10ページ　できなかった問題は、復習しよう。

次の文章を読んで、下の問いに答えましょう。

（1～4は段落番号です。）

1夜、ライトをつけないで自転車に乗っている人が少なくないようです。これを無灯火走行といいますが、問題はないのでしょうか。

2無灯火走行は、道路を走るときの法りつを守っていないことになり、ばっせられます。自転車も、自動車と同様に車両としてあつかわれるのです。そのため、無灯火走行中に自動車にぶつけられてけがをしても、自転車側の責任も問われます。また、歩行者にぶつかって事故を起こしたら、罪になります。自転車だからと、軽く考えてはいけません。

3そもそも自転車のライトは、前を照らすのはもちろん、自分が走っていることを周りに知らせる、という意味も大きいのです。いくら街灯があっても、歩行者や自動車の運転手が、無灯火走行の自転車に気づいていなかったり、気づくのがおくれたりすることはよくあります。

4事故のあとで安全の大切さに気づくのではおそいので、自転車のライトをつける意味をよく理解し、夜は必ずライトをつけることが大切です。

(1) この文章の話題は、何ですか。次の□に当てはまる言葉を、文章中から五字で書きぬきましょう。

・自転車の［　　　　　］。

(2) 3の段落で、筆者が最も言いたい事がらは、どんなことですか。適切なものを次から一つ選び、記号を〇で囲みましょう。

ア　自転車のライトは、前を照らすためだけにある。

イ　自転車のライトには、自分の位置を周りに知らせる意味もある。

ウ　夜でも、自転車が走っていれば、だれでも気づくはずである。

(3) この文章の要旨は、何ですか。次の□に当てはまる言葉を、文章中から十四字で書きぬきましょう。

・夜、自転車に乗るときは、［　　　　　　　　　　　　　　］である。

復習テスト 4

④章 説明文

答えは別さつ14ページ

学習日　月　日　得点　/100点

次の文章を読んで、後の問いに答えましょう。

（1〜8は段落番号です。）

1 水は、昔からせんたくに使われてきました。それというのも、水は、たやすく手に入り、さまざまなものをとかし、においや色がなく、自然にかわき後に残らないので、せんたくをするのにたいへん具合がいいからです。

2 水は、他の薬品と比べても、いろいろなものをよくとかしますが、あぶらはとかしません。［1］、衣類のよごれは、あぶらをふくんでいるものが多いのです。

3 仲の悪いことを「水とあぶらのようだ」といいますが、ここでひとつ実験をしてみましょう。

4 紙の上に、三センチメートル四方ぐらい、クレヨンをぬり付けます。その上に水を一滴たらします。もう一滴、何もぬってない紙の上にも水をたらしましょう。どうなりましたか？　クレヨンをぬったほうの水は、コロコロした玉になるでしょう。これは、クレヨンの中のあぶらと、たらした水とが混じり合わないからです。

5 ①このような水の性質を、そのままにしておいては、あぶらをふくんだよごれをとることはできません。［2］、せっけんや合成洗剤を使って、水の性質を変えてせんたくをするのです。（中略）

6 水にとかした洗剤は、次のようなはたらきをします。

1　あぶらを小さなつぶにして、水にとかす。（乳化）
2　せんたくものによくしみこんで、水にぬらす。（浸透）
3　水にとけないこまかいよごれを、水の中に散らばらせる。（分散）
4　とけたよごれが、再びせんたくものに付かないようにする。（再汚染防止）

7 これらは、せんたくものと水の境や、よごれと水の境にはたらく作用なので、洗剤のことを〝界面活性剤〟ということがあります。（界面は、境目のこと。活性剤というのは、はたらきを活発にする薬のことです。）

8 水にとかす洗剤には、ちょうどよい量があります。②この量は、洗剤の容器に書いてあり、たいていは、〇・一パーセントぐらいの濃度（三〇リットルの水に三〇〜四〇グラムぐらい）で、ミセルとよばれる、目には見えない小さなものを形作ります。このミセルが界面活性剤のはたらきをするのです。そして、それより多くの洗剤を加えても、ミセルのはたらきはかわりません。必要以上に洗剤を使うのは、もったいないだけでなく、すすぎもたいへんだし、川や湖などをよごす原因(げんいん)になります。

（津田妍子(つだけんこ)「せんたくのはなし」〈さ・え・ら書房〉より）

(1) 1・2に当てはまる接続語(せつぞくご)として適切(てきせつ)なものを次から選び、それぞれ記号で答えましょう。【各10点　計20点】

ア　ところが　イ　さて
ウ　そこで　エ　なぜなら

1〔　　〕　2〔　　〕

(2) 4の段落の実験は、どのようなことを調べる実験ですか。次の□に当てはまる言葉を、文章中から五字で書きぬきましょう。【20点】

・□□□□□は、「仲が悪い」ということ。

(3) ――線部①「このような水の性質」が指している内容(ないよう)を、次の□に当てはまるように、文章中から七字で書きぬきましょう。【20点】

・あぶらとは□□□□□□□という性質。

(4) ――線部②「この量」が指している内容を、次の□に当てはまるように、文章中から六字で書きぬきましょう。【20点】

・水にとかす洗剤の□□□□□□量。

(5) 8の段落の要点として適切なものを次から一つ選び、記号で答えましょう。【20点】

ア　ミセルが形作られ、活発にはたらくように、洗剤は定められた量より少し多めに使うのがよい。

イ　ミセルができてはたらくのに適した濃度になるように、洗剤は定められた量を使うのがよい。

ウ　洗剤を多く使うと川や湖をよごす原因になるので、できるだけ少ない量を使うのがよい。

〔　　〕

5章 詩 場面の様子

36 場面の様子を思いうかべよう

学習日 月 日

★連ごとに場面の様子を想像しよう

詩を内容のまとまりに分けたものを連といい、ふつう、連と連の間は一行あいています。詩を読むときには、連ごとに、えがかれている場面の様子を想像しましょう。

場面の様子のとらえ方

時・場所・様子がわかる言葉に注目します。

⇒

これらの言葉を手がかりにして、場面の様子をとらえます。

作者の立場に立って、場面を想像するといいよ。

時
・どのような時間帯か。
・季節はいつごろか。

場所
・どのような場所か。
・作者はどこにいるか。

様子
・人やものはどのような様子か。

次の詩を例に見てみましょう。

球根　小泉周二

ぎゅっと
ちぢこまっていた

はっぱが木とわかれる声が聞こえた
はじめの雪の足音が聞こえた
南の風の大声が聞こえた

ぐっと
のびをした
太陽にさわった

（「こもりうた」〈銀の鈴社〉より）

場所は？
「ちぢこまっていた」のは球根で、場所は土の中。

季節は？
秋から冬へ
春のおとずれ

様子は？
球根から芽が出た様子。

土の中の球根から芽が出てくる様子を思いうかべましょう。

答えは別さつ10ページ　できなかった問題は、復習しよう。

次の詩を読んで、下の問いに答えましょう。

春　　間所ひさこ

①山が雪ふるって
せいのびすると
ほッ
春だ。

山ひだの
やわらかなかげをみてごらん。
②「おうい」と
よんでみたくなる。

梅がさいた。
こぶしがさいた。
いぬふぐり。
なのはな。

春がとけて
ほどけて、
③ここらあたりのけしきを
やさしい色にぬっていく。

（「山が近い日」〈理論社〉より）

(1) ――線部①「山が雪ふるって」はどんな様子を表していますか。適切なものを次から一つ選び、記号を○で囲みましょう。

ア　山に雪が積もっている様子。
イ　山の雪がとけていく様子。
ウ　山に雪がふり、風もふいている様子。

(2) ――線部②「『おうい』と／よんでみたくなる。」から、作者のどんな気持ちが読み取れますか。次の□に当てはまる言葉として適切なものを次から一つ選び、記号を○で囲みましょう。

・春が来て、□気持ち。

ア　うれしい　**イ**　心細い　**ウ**　不思議な

(3) ――線部③「ここらあたりのけしきを／やさしい色にぬっていく。」は、どのような様子を表していますか。適切なものを次から一つ選び、記号を○で囲みましょう。

ア　あたりの景色が、春らしくなっていく様子。
イ　あたりの景色の緑が、こくなっていく様子。
ウ　あたりの景色が、ぼんやりしていく様子。

5章 詩 表現のくふう

37 詩の表現やリズムをつかもう

学習日 月 日

★表現やリズムのくふう

詩では、伝えたいことを短い言葉で効果的に表すために、表現やリズムがくふうされています。

1 おもな表現技法（表現のくふう）

① **たとえ（比ゆ）**…あるものを他のものにたとえます。

例 矢のような速さだ

（速いことを矢にたとえている。）

② **擬人法**…人でないものを人に見立てて表現します。たとえの一つです。

例 お日さまが笑っている

（太陽が明るくかがやく様子を人の表情にたとえている。）

③ **体言止め（名詞止め）**…行の終わりを名詞（ものの名前や事がらを表す言葉）で止めて、印象を強めます。

例 ようやくやんだ春の雨

（名詞）

④ **倒置法**…言葉の順を逆にして、印象を強めます。

例 ぼくは走り続ける　たとえ苦しくても

（ふつうは、「ぼくはたとえ苦しくても走り続ける」の順。）

⑤ **反復法（くり返し）**…同じ言葉や行をくり返します。

例 旅立ちだ　旅立ちだ

⑥ **対句**…対になる行や、調子が似ている行をならべます。

例 海はきらめき
山はざわめく

（「海」と「山」、「きらめき」と「ざわめく」が対になっている。）

2 詩のリズム

反復法や対句などの表現技法は、詩にリズムを生み出します。

下の詩を声に出して読んで、リズムを感じ取ってみましょう。

ゴリラの夢

ゴリラも夢を見るのかな
動物園に来る前に
熱い風ふくジャングルで
仲間と遊んだときのこと
家族にあまえたときのこと
ゴリラも夢を見るのかな

（反復法：1行目と6行目）
（対句：4行目と5行目）

基本練習

答えは別さつ11ページ　できなかった問題は、復習しよう。

1章
2章
3章
4章
5章 詩
6章

次の詩を読んで、下の問いに答えましょう。

あいたくて

工藤直子

だれかに　あいたくて
なにかに　あいたくて
生まれてきた――
そんな気がするのだけれど

それが　だれなのか　なになのか
あえるのは　いつなのか――
①おつかいの　とちゅうで
迷ってしまった子どもみたい
とほうに　くれている

それでも　手のなかに
みえないことづけを
にぎりしめているような気がするから
②それを手わたさなくちゃ
だから

あいたくて

（「あいたくて」〈大日本図書〉より）

(1) 詩の中でくり返し使われている言葉を五字で書きぬきましょう。

(2) ――線部①「おつかいの　とちゅうで／迷ってしまった子どもみたい」という二行には、たとえ（比ゆ）が使われています。この二行は、作者のどのような様子をたとえていますか。詩の中から書きぬきましょう。

〔　　　　〕様子。

(3) ――線部②「それを手わたさなくちゃ」とありますが、「それ」は何を指していますか。詩の中から書きぬきましょう。

〔　　　　〕

38 作者の感動をつかもう

次の詩を読んでみましょう。作者の生きものへの愛情(あいじょう)が伝わる詩ですね。

地球の 子ども　まど・みちお

あしたの　ゆめに　ふくらむ
生きものの星　地球
ここには　イヌがすむ　サルがすむ
ハトと　メダカと　チョウチョウがすむ
にんげんを　兄さんにして
ああ　みんな　地球の子ども
太陽の子ども
うちゅうの子ども

はっぱの　はたが　かがやく
生きものの星　地球
ここには　タケがある　マツがある
ムギと　アンズと　タンポポがある
にんげんを　姉さんにして
ああ　みんな　地球の子ども
太陽の子ども
うちゅうの子ども

（「まど・みちお全詩集」〈理論社〉より）

題名　対句　反復法　反復法

表現技法
・**対句**を使って、生きものの例をたくさん挙げている。→どの生きものも平等だということを表している。
・**反復法**を使って、作者の考えを強めている。

題名
全ての生きものが大切で、すばらしいことを表している。

学習日　月　日

★作者の感動は詩のどこかにある

詩を読むときは、作者が何に感動してその詩を作ったのかを読み取ることが大切です。

● 作者の感動のつかみ方

次の三つの部分に注目しましょう。

作者は、何を伝えたいのかな。

① **問いかけや言い切りの形で書かれた部分**
「～か。」などの問いかけや、「～だ。」などの言い切りの形の行には、作者の考えや願いが書かれている。

② **表現技法(ひょうげんぎほう)が使われている部分**
たとえや対句(ついく)、反復法(はんぷくほう)などの表現技法は、印象(いんしょう)を強めるために使われ、作者の感動がこめられている。

③ **題名**
詩の内容(ないよう)を短い言葉で表した題名には、作者の思いがこめられている。

基本練習

答えは別さつ11ページ　できなかった問題は、復習しよう。

次の詩を読んで、下の問いに答えましょう。

夕日の光

千家元麿

夕日の光が
美しく流れている
何という美しさだろう
家も畑も道も人も
金色にそまっている
まるで火の海だ
微風*1が生じて
木々や草がやさしくそよいでいる
小さな子どもが四、五人
道の上に立って夕日のしずむのを見ている
顔もすがたも灯火のような赤い光に
照らされてすきとおるようだ
ああ夕日の光は
平和な楽しい世の光
*2いずくにも楽しみが生きかえるよう
夕日はいま世界を活気づけているのだ

*1微風……かすかにふく風。
*2いずくにも……どこにも。

---

(1) 夕日の光は、どんなものにたとえられていますか。詩の中から、詩に出てくる順に、三字と二字で書きぬきましょう。

(2) ――線部「家も畑も道も人も／金色にそまっている」は、どんな様子を表していますか。次の□に当てはまる言葉を、詩の中から二字で書きぬきましょう。

・あたり一面が□□に照らされている様子。

(3) 作者がこの詩で最も伝えたいこととして適切なものを次から一つ選び、記号を○で囲みましょう。

ア　夕日は、はげしく情熱をかきたてるものである。
イ　夕日は、すきとおるように清らかなものである。
ウ　夕日は、世界を活気づけるものである。

39 文語詩のリズムをとらえよう

学習日 月 日

★文語詩を読む

詩には口語詩と文語詩があります。

口語詩…今の言葉づかい（口語）で書かれた詩。

文語詩…昔の言葉づかい（文語）で書かれた詩。

1 文語詩のかなづかいと言葉づかい

かなづかいに注意して文語詩を読んでみましょう。

はたはたのうた 室生犀星

はたはたといふ(う)さかな、
うすべにいろのはたはた、
はたはたがとれる日は
はたはた雲といふ(う)雲があらは(わ)れる。
はたはたやいてたべるのは
北国のこどものごちそうなり。
はたはたみれば
母をおもふ(う)も
冬の*ならひ(い)なり。

*ならひ……習慣。

かなづかい
・　の字は、昔のかなづかい。
・読むときは、（　）の中の字を読む。

言葉づかい
「〜なり」は、昔の言葉づかい（「〜だ。」の意味）。

2 文語詩のリズム

次の詩で各行の音の数を確かめてみましょう。

山のあなた*1 カール＝ブッセ 上田敏 訳

山のあなたの（七音）空遠く、（五音）
「幸」住むと（七音）人*2のいふ(う)。（五音）
ああ、われひとと（七音）尋*3めゆきて、（五音）
涙*4さしぐみ、（七音）かへ*5(え)りきぬ。（五音）
山のあなたに（七音）なほ(お)遠く、（五音）
「幸」住むと（七音）人のいふ(う)。（五音）

*1あなた……かなた。向こう。
*2人のいふ……人が言う。
*3尋めゆきて……たずねて行って。
*4涙さしぐみ……なみだぐんで。
*5かへりきぬ……帰って来た。

各行が、七音と五音のくり返しになっているね。

答えは別さつ11ページ　できなかった問題は、復習しよう。

次の詩を読んで、下の問いに答えましょう。

ふるさと

高野辰之

①うさぎ追ひしかの山、
②小ぶなつりしかの川、
　夢は今もめぐりて、
　忘れがたきふるさと。

＊1いかにいます父母、
＊2つつがなしや友がき＊3、
　雨に風につけても、
　思ひいづるふるさと。

こゝろざしをはたして、
いつの日にか帰らん、
　山はあをきふるさと。
　水は清きふるさと。

＊1いかにいます……いかがお過ごしですか。
＊2つつがなしや……無事でいるだろうか。
＊3友がき……友達。

(1) この詩の各行は、どんなリズム（音の数）で書かれていますか。漢数字で答えましょう。

〔　　〕音・〔　　〕音

(2) ――線部①「うさぎ追ひし」は「うさぎを追いかけた」という意味ですが、それを参考にして、――線部②「小ぶなつりし」の意味を書きましょう。

〔　　　　〕

(3) この詩の説明として適切なものを次から一つ選び、記号を○で囲みましょう。

ア　ふるさとの山に登って、そこから見える景色の美しさをうたった詩。
イ　ふるさとをはなれてくらしている人が、ふるさとをなつかしんでうたった詩。
ウ　都会で生まれ育った人が、いなかのすばらしさを想像してうたった詩。

復習テスト 5

⑤章 詩

答えは別さつ15ページ

学習日　月　日　得点　/100点

1 次の詩を読んで、下の問いに答えましょう。

雑草のうた

鶴岡千代子

せっかく　花を　さかせても
せっかく　葉っぱを　ひろげても
ふりむいていく　人はない
①それでも平気さ　みんなして
むんむん草むら　つくってく

②どんなに　のどが　かわいても
どんなに　ほこりを　かぶっても
水など　くれる　人はない
それでも平気さ　上むいて
のびたいほうだい　のびていく

オオバコ　ハコベ　ヒメジョオン
ちゃんと　名前が　ついてても
よびかけてくる　人はない
それでも平気さ　いつだって
きらきらしながら　生きていく

（「白い虹」〈銀の鈴社〉より）

(1) ——線部①「それでも平気さ」とありますが、どんなことが平気だといっているのですか。【15点】

［　　　　］

(2) ——線部②「どんなに　のどが　かわいても」について述べた次の文の、□に当てはまる漢字二字の言葉を書きましょう。【15点】

・人ではない□□を、人に見立てて表現している。

(3) この詩からは、雑草に対する作者のどんな気持ちが読み取れますか。適切なものを次から一つ選び、記号で答えましょう。【20点】

ア 雑草はかわいそうだという、あわれみ。
イ たくましく生きる雑草に対する感動。
ウ 雑草に対して無関心な人たちに対するいかり。

［　　］

2 次の詩を読んで、下の問いに答えましょう。

貝殻（かいがら）

新美南吉（にいみなんきち）

かなしきときは
貝殻鳴らそ。
二つ合わせて息吹（いぶき）*1をこめて。
静かに鳴らそ、
貝がらを。

誰（だれ）もその音（ね）を
きかずとも、
風にかなしく消ゆるとも、
せめてじぶんを
あたためん*2。

静かに鳴らそ
貝殻を。

＊1息吹……いき。
＊2あたためん……あたためよう。

(1) この詩のリズムがよいのは、なぜですか。次の□に共通して当てはまる漢数字を書きましょう。【15点】

・各行が五音か□音、あるいは□音＋□音、または□音＋五音でできているから。

〔　　　〕

(2) ――線部「貝殻鳴らそ」とありますが、どんなときは貝殻を鳴らそうといっているのですか。詩の中の言葉を使って、今の言葉づかいで答えましょう。【15点】

〔　　　〕

(3) この詩では、どんな表現技法（ひょうげんぎほう）（表現のくふう）が使われていますか。適切（てきせつ）なものを次から二つ選び、記号で答えましょう。【各10点　計20点】

ア　擬人法（ぎじんほう）（人でないものを人に見立てて表現する技法）
イ　倒置法（とうちほう）（言葉の順を逆（ぎゃく）にする技法）
ウ　反復法（はんぷくほう）（くり返し）
エ　体言止め（行の終わりをものの名前や事がらを表す言葉で止める技法）

〔　　　〕〔　　　〕

6章 伝統文化 竹取物語

40 昔の物語を声に出して読んでみよう

学習日 月 日

★最も古い物語「竹取物語（たけとりものがたり）」を読もう

昔に書かれて、今でも読みつがれている作品を古文（こぶん）といいます。「竹取物語」を読んでみましょう。

1 声に出して読む

（——線の字は（　）の中の字を読みましょう。）

今は昔、竹取のおきな*1といふ（う）者ありけり。野山にまじりて竹を取りつつ、よろづ*2（ず）のことに使ひ（い）けり。名をば、さぬきのみやつことなむ（ん）いひ（い）ける。

その竹の中に、もと光る竹なむ（ん）一すぢ（じ）ありける。あやしがりて、寄（よ）りて見るに、つつの中光りたり。それを見れば、三寸（さんずん）ばかりなる人、いと*3うつくしう*4（しゅう）てゐ（い）たり。

*1おきな……おじいさん。
*2よろづの……いろいろな。
*3いと〜……とても〜。
*4うつくしうて……かわいらしい様子で。

2 今の言葉で書いたものと比（くら）べる

昔のことですが、竹取のおじいさんという人がいました。野や山に分け入って竹を切り取っては、いろいろなことに使っていました。名前を、さぬきのみやつこといいました。

（ある日のこと、）竹林の中に、根元の光る竹が一本ありました。不思議に思って、近寄って見ると、竹のつつの中が光っていました。中を見ると、三寸（約十センチメートル）ほどの人が、とてもかわいらしい様子ですわっていました。

「竹取物語」って？

作者　わかっていない。

書かれた時代　今から千百年ほど前。（平安（へいあん）時代）

基本練習

答えは別さつ11ページ　できなかった問題は、復習しよう。

次の文章を読んで、後の問いに答えましょう。

今は昔、①竹取のおきなといふ者ありけり。野山にまじりて竹を取りつつ、よろづのことに使ひけり。名をば、さぬきのみやつことなむ②いひける。その竹の中に、もと光る竹なむ一すぢありける。あやしがりて、寄りて見るに、つつの中光りたり。それを見れば、三寸ばかりなる人、③いとうつくしうてゐたり。

(1) この文章は、「竹取物語」の始まりの部分です。「竹取物語」について説明したものとして適切なものを次から一つ選び、記号を○で囲みましょう。

ア 日本で最も古い物語である。

イ 外国から入ってきた物語である。

ウ 武士たちの戦いを中心にえがいた物語である。

(2) 「竹取物語」で、竹のつつの中にすわっていた女の子は、何という名前をつけられましたか。女の子の名前を書きましょう。

〔　　　〕

(3) ——線部①「竹取のおきな」が見つけた不思議なものとは、どのようなものでしたか。適切なものを次から一つ選び、記号を○で囲みましょう。

ア 葉が光っている竹。

イ 根元が光っている竹。

ウ 全体が光っている竹。

(4) ——線部②「いひける」を、例のように、今のかなづかいで書きましょう。

例 いふ　→　い[う]

いひける　→　い[　　]ける

(5) ——線部③「いと」は、今の言葉ではどんな意味ですか。適切なものを次から一つ選び、記号を○で囲みましょう。

ア 少し

イ なんとなく

ウ とても

6章 伝統文化 平家物語

41 文語のリズムを楽しもう

学習日 月 日

★「平家物語」を読もう

文語（昔の言葉づかい）で書かれた「平家物語」という作品を読んで、心地よいリズムを感じてみましょう。

（――線の字は（ ）の中の字を読みましょう。）

1 物語の始まりの部分を読む

祇園精舎の 鐘の声、
諸行無常の ひびきあり。
娑羅双樹[＊1]の 花の色、
盛者必衰の ことわりをあらはす（わ）。
おごれる人も 久しからず、
ただ春の夜の 夢のごとし。
たけき者も つひ（い）にはほろびぬ、
ひとへ（え）に[＊2] 風の前の ちりに同じ。

＊1娑羅双樹……おしゃか様がなくなった場所に生えていたといわれる木。
＊2ひとへに……まさに。まったく。

2 今の言葉で書いたものと比べる

インドの祇園精舎という寺の鐘の音は、全てのものは移り変わっていくということを、そのひびきの中にこめている。娑羅双樹の花の色は、今は勢いのある者でも、いつかは必ずおとろえるという道理を表している。

おごり高ぶっている人でも、決してその力は長く続かず、ちょうど短くてはかない春の夜の夢のようなものである。

勇ましい者も最後にはほろんでしまう。それはまさに、風にふき飛ばされていくちりのようなものである。

「平家物語」って？

作者 わかっていない。

書かれた時代 今から八百年ほど前。（鎌倉時代）

目が不自由なおぼうさんが、琵琶という楽器をひきながら語って、物語を広めたんだよ。

基本練習

答えは別さつ12ページ　できなかった問題は、復習しよう。

次の文章を読んで、後の問いに答えましょう。

祇園精舎□鐘の声、
諸行無常のひびきあり。
娑羅双樹□花の色、
盛者必衰のことわりをあらはす。
おごれる人も久しからず、
ただ春の夜の夢のごとし。
たけき者もつひにはほろびぬ、
ひとへに風の前のちりに同じ。

(1)　この文章は、何という物語の始まりの部分ですか。次の□に当てはまる漢字を書きましょう。

□□物語

(2)　この物語は、目が不自由なおぼうさんが何という楽器を鳴らしながら語っていましたか。適切なものを次から一つ選び、記号を○で囲みましょう。

ア　たいこ
イ　しゃみせん
ウ　琵琶

(3)　文章中の□には、同じひらがなが入ります。当てはまるひらがな一字を書きましょう。

〔　　〕

(4)　——線部「春の夜の夢のごとし」とありますが、「春の夜の夢」とは、どのようなことのたとえですか。適切なものを次から一つ選び、記号を○で囲みましょう。

ア　短くてはかないもの。
イ　気分が明るくなるもの。
ウ　さびしく悲しいもの。

(5)　この文章では、どのようなことを述べていますか。適切なものを次から一つ選び、記号を○で囲みましょう。

ア　どんなに勢いがある者でも、いつかは必ずおとろえるということ。
イ　今は勢いがなくても、いつかは勢いがさかんになるということ。
ウ　人の命は短いので、できるだけ楽しく生きたほうがよいということ。

⑥章 伝統文化 中国の詩

42 漢字ばかりの漢詩、どう読むの?

学習日　月　日

★漢詩について知ろう

昔の中国の詩のことを漢詩といい、全て漢字(中国の言葉)で書かれています。日本にも古くから伝わっていました。

❶ 漢詩の読み方

まず、孟浩然という人が作った、有名な「春暁」という漢詩を見てみましょう。

もとの漢詩

春暁　孟浩然

春眠不覚暁
処処聞啼鳥
夜来風雨声
花落知多少

もとの漢詩のままでは読み方がわからないので、日本人は漢詩を日本語として読むくふうをしました。

上の漢詩は左のように読みます。

春眠暁を覚えず
処処啼鳥を聞く
夜来風雨の声
花落つること知る多少

❷ 今の言葉で上の漢詩を味わう

春のねむりはとても気持ちがよく、夜が明けたのにも気がつかなかった
外のあちらこちらから、鳥の鳴き声が聞こえてくる
昨夜は風や雨の音がはげしかったけれども、花はどれだけ散ってしまったことだろうか

次に、杜甫の「絶句」という漢詩も味わってみましょう。

江碧にして鳥逾白く
山青くして花然えんと欲す
今春看又過ぐ
何れの日か是れ帰年ならん

今の言葉で表したもの

川は深緑色にすみわたって、水鳥がますます白く見える
山は青々としていて、さいている花は燃えるように赤い
景色に見入っているうちに、今年の春もみるみる過ぎていく
いつになったら、ふるさとに帰れるだろうか

いろいろな色が出てきて、情景を想像できるね。

基本練習

答えは別さつ12ページ　できなかった問題は、復習しよう。

1 次の漢詩を読んで、後の問いに答えましょう。

春暁　孟浩然

春眠暁を覚えず
処処啼鳥を聞く
夜来風雨の声
花落つること知る多少

(1) この漢詩は、一日のいつごろのことをえがいたものですか。適切なものを次から一つ選び、記号を○で囲みましょう。

ア 朝　イ 昼過ぎ　ウ 夕方

(2) ――線部「風雨の声」は、どのようなことを表していますか。適切なものを次から一つ選び、記号を○で囲みましょう。

ア 風や雨への注意をよびかける声が聞こえたこと。
イ 風や雨の中で話をしている人の声がしたこと。
ウ 風や雨の音がはげしかったこと。

2 次の漢詩を読んで、後の問いに答えましょう。

絶句　杜甫

江碧にして鳥逾白く
山青くして花然えんと欲す
今春看又過ぐ
何れの日か是れ帰年ならん

(1) ――線部「山青くして花然えんと欲す」の情景には、何色と何色がえがかれていますか。適切なものを次から二つ選び、記号を○で囲みましょう。

ア 黄色　イ 青色
ウ 黒色　エ 赤色

(2) 作者がこの漢詩を作った季節は、春・夏・秋・冬のいつですか。

［　　］

6章 伝統文化 中国の古典

43 知っているとかっこいい「論語」

学習日　月　日

★「論語」について知ろう

「論語」は、昔の中国の思想家孔子と、その弟子たちとの問答や行動を記録した書物で、その後の時代の人々にも大きなえいきょうをあたえました。

●「論語」を読む

「論語」も、もとは漢字だけの文ですが、日本語に直したものを、声に出して読んでみましょう。（――線の字は（　）の中の字を読みましょう。）

*子曰はく、「己の欲せざるところは、人に施すことなかれ。」と。

*子……ここでは、先生である孔子のこと。

今の言葉で表したもの

先生が言われるには、「自分が人からされたくないようなことは、他人にしてはいけない。」と。

子曰はく、「過ちて改めざる、是を過ちと謂ふ。」と。

今の言葉で表したもの

先生が言われるには、「(人はだれでもあやまちをおかすものだが、)あやまちをおかしてそれを改めない、これが本当のあやまちである。」と。

子曰はく、「学びて思はざれば則ち罔し。思ひて学ばざれば則ち殆し。」と。

今の言葉で表したもの

先生が言われるには、「書物や先生から学んでも、自分で考えることをしなければ、知識は確かなものにならない。(また、)自分で考えるだけで、書物や先生から学ばなければ、せまくかたよった考えになる危険性がある。」と。

基本練習

答えは別さつ12ページ　できなかった問題は、復習しよう。

1 次の文を読んで、後の問いに答えましょう。

①子曰はく、「己の欲せざるところは、②人に施すことなかれ。」と。

(1) ——線部①「子」とは、ここではだれのことですか。適切なものを次から一つ選び、記号を○で囲みましょう。

ア 子ども

イ 孔子

ウ 孔子の弟子

(2) ——線部②「人に施すことなかれ」は、どのような意味ですか。適切なものを次から一つ選び、記号を○で囲みましょう。

ア 他の人にゆずってはいけない。

イ 他の人に任せてはいけない。

ウ 他の人にしてはいけない。

2 次の文を読んで、後の問いに答えましょう。

子曰はく、「過ちて改めざる、是を過ちと謂ふ。」と。

(1) ——線部「子曰はく」は、どのような意味ですか。適切なものを次から一つ選び、記号を○で囲みましょう。

ア 先生がお好きな言葉は

イ 先生が言われるには

ウ 先生が親から言われたことは

(2) この文では、何がいちばんのあやまちだといっていますか。適切なものを次から一つ選び、記号を○で囲みましょう。

ア あやまちをおかすこと。

イ あやまちをおかして、それを改めないこと。

ウ あやまちをおかした人を責めること。

(3) この文は「論語」におさめられています。「論語」が書かれた国を次から一つ選び、記号を○で囲みましょう。

ア 日本　**イ** インド　**ウ** 中国

＊巻末資料には、22〜23ページの二字熟語の組み立て、24〜25ページの同じ音の漢字、同じ訓の漢字、26〜27ページの特別な読み方をする言葉について、語例を追加してまとめています。

＊よく使うものが多いので、意味や使い方の例文などを確かめましょう。

二字熟語の組み立て

P.22〜23で学習

1 反対（対）の意味の漢字の組み合わせ

親子	親↕子
強弱	強い↕弱い
苦楽	苦しい↕楽しい
軽重	軽い↕重い
集散	集まる↕散る
勝敗	勝つ↕敗れる
進退	進む↕退く
生死	生きる↕死ぬ
増減	増える↕減る
長短	長い↕短い
内外	内↕外
問答	問う↕答える

2 似た意味の漢字の組み合わせ

運送	運ぶ＋送る
回転	回る＋転がる
救助	救う＋助ける
急速	急ぐ＋速い
起立	起きる＋立つ
思考	思う＋考える
省略	省く＋略す
単独	どちらも「一つ」を表す。
包囲	包む＋囲む
連続	連なる＋続く

3 上の漢字が下の漢字を説明するもの

愛犬	愛する犬
仮題	仮の題
休日	休みの日
曲線	曲がった線
苦戦	苦しい戦い
黒板	黒い板
古書	古い書物
残雪	残っている雪
新年	新しい年
水害	水による害
前列	前の列
低温	低い温度

4 下の漢字が「－を」「－に」に当たるもの

改心	心を改める
加熱	熱を加える
挙式	式を挙げる
減点	点を減らす
考案	案を考える
習字	字を習う
乗馬	馬に乗る
着地	地面に着く
入店	店に入る
発光	光を発する
返礼	礼を返す
預金	金を預ける

P.24～25で学習

同じ音の漢字

音が同じで、意味がちがう熟語のいろいろな例を見てみましょう。（確かめたら□に✓を書きましょう。）

□イシ

- **意志**：むずかしいことや反対があっても、やりとげようとする心。
- **意思**：心の中で思ったり考えたりしていること。
- **医師**：病気やけがを治すことを仕事としている人。医者。

□エンゲイ

- **園芸**：草花や野菜を育てること。植物で庭作りをすること。
- **演芸**：しばいや落語など、客の前で見せる芸。

□カイセツ

- **解説**：物事の意味や様子をわかりやすく説明すること。
- **開設**：新しい建物や設備をつくり、仕事を始めること。

□カイトウ

- **解答**：試験などの問題を解いて答えること。また、その答え。
- **回答**：問い合わせや要求に対して答えること。

□カイホウ

- **開放**：開け放つこと。自由に出入りさせること。
- **解放**：制限をといて、自由にすること。
- **快方**：病気やけががよくなってくること。

□キョウチョウ

- **強調**：特に強く言い表すこと。
- **協調**：たがいにゆずり合って力を合わせること。

□サイシン

- **最新**：いちばん新しいこと。
- **細心**：細かいことにまで注意して、気を配ること。

□シュウセイ

- **修正**：よくないところを直して正しくすること。
- **習性**：習慣により身についた性質。動物が生まれつきもつ行動の性質。
- **終生**：生きている間。死ぬまで。

□テキセイ

- **適正**：うまく合っていて、正しいこと。
- **適性**：あることにふさわしい性質や能力。

□トクセイ

- **特製**：特別につくること。また、特別につくった物。
- **特性**：その人や物だけがもっている特別な性質。

□ヨウリョウ

- **容量**：入れ物の中に入れることのできる分量。
- **要領**：物事の大切なところ。物事をうまくしょ理する方法やこつ。

P.24～25で学習

同じ訓の漢字

訓読みが同じで、表す意味がちがう漢字の使い分け方を例文でつかみましょう。（確かめたら□に✓を書きましょう。）

□あらわす（例文）
- 表す：感謝の気持ちを態度で表す。
- 現す：正義のヒーローが正体を現す。

□あげる
- 上げる：荷物を電車のあみだなに上げる。
- 挙げる：クラスの全員が手を挙げる。

□おる
- 折る：かれた枝を折る。
- 織る：おばあさんが布を織る。

□かう
- 買う：お店で特売品を買う。
- 飼う：家でうさぎとかめを飼う。

□かえる
- 返る：友人に貸していた本が返る。
- 帰る：図書館に寄ってから帰る。

□きく
- 聞く：先生の話をよく聞く。
- 効く：この薬は、かぜによく効く。

□さす
- 指す：木のかげが北を指す。
- 差す：雲の切れ間から日の光が差す。

□さめる
- 覚める：暑くて夜中に目が覚める。
- 冷める：話している間に料理が冷める。

□つくる
- 作る：話し合って規則を作る。
- 造る：工場のあと地に公園を造る。

□とめる
- 止める：かれが行くのを止める。
- 留める：かべに地図をピンで留める。

□とる
- 取る：おもしろそうな本を手に取る。
- 採る：学級会で決を採る。

□なおす
- 治す：薬を飲んで病気を治す。
- 直す：台風でこわれた雨戸を直す。

□なく
- 泣く：子どもがしかられて泣く。
- 鳴く：秋の夜にたくさんの虫が鳴く。

□のぼる
- 上る：はしごを使って屋根に上る。
- 登る：秋の遠足で山に登る。

P.26〜27で学習

特別な読み方をする言葉

次の言葉について、まず、下のだんの読み方をかくして、読めるかどうか確かめてみましょう。（読めたら□に✓を書きましょう。）

特別な言葉	読み方
□明日	あす
□大人	おとな
□母さん	かあさん
□河原・川原	かわら
□昨日	きのう
□今日	きょう
□果物	くだもの
□今朝	けさ
□景色	けしき
□今年	ことし
□清水	しみず
□上手	じょうず
□七夕	たなばた
□一日	ついたち
□手伝う	てつだう
□父さん	とうさん
□時計	とけい
□友達	ともだち
□兄さん	にいさん
□姉さん	ねえさん
□博士	はかせ
□二十日	はつか
□一人	ひとり
□二人	ふたり
□二日	ふつか
□下手	へた
□部屋	へや
□迷子	まいご
□真面目	まじめ
□真っ赤	まっか
□真っ青	まっさお
□眼鏡	めがね
□八百屋	やおや

小5国語をひとつひとつわかりやすく。 改訂版

編集協力
㈱エイティエイト

カバーイラスト・シールイラスト
坂木浩子

本文イラスト
北村友紀

ブックデザイン
山口秀昭（Studio Flavor）

DTP
㈱明昌堂
データ管理コード：19-1772-2600

小5国語をひとつひとつわかりやすく。

[改訂版]

軽くのりづけされているので，
外して使いましょう。

Gakken

01 四年生で習った漢字 ①

本文6ページ

1 (1) あらた (2) はくぶつかん・きんか (3) しゅくじ (4) めんせき・もと (5) ふきん・いんさつ

2 (1) 試験管・説明 (2) 旗・徒競走 (3) 挙 (4) 冷 (5) 周・散歩

解説

2 (3)式などをとり行うという意味では、「**挙げる**」と書きます。物を低い所から高い所に移(うつ)す意味の「**上げる**」と使い分けられるようにしましょう。

02 四年生で習った漢字 ②

本文7ページ

1 (1) ひつよう・ざいりょう (2) とも・りんしょう (3) しず・せき (4) きょう (5) とうひょう

2 (1) 満 (2) 英語・続 (3) 参考・焼 (4) 成功・例 (5) 観察

解説

1 (2)「輪唱」とは、何人かで同じ歌を少しずつずらして追いかけるように歌うことです。

(5)「投票」は、選挙のときに、自分がよいと思う人の名前や、賛(さん)成(せい)か反対かなどの意見を書いた紙を出すことです。

03 覚えておきたい漢字 ①

本文8ページ

2 (1) 保証 (2) 品質・原因 (3) 枝・桜 (4) 液体・習慣 (5) 武器

解説

2 (2)「**質**」は、「**貨**」や「**資**」などと形が似(に)ているので気をつけましょう。

(5)「**武**」は、右上の「**、**」をわすれないようにしましょう。

04 覚えておきたい漢字 ②

本文9ページ

2 (1) 夢・導 (2) 非常口・厚 (3) 増刊号 (4) 囲 (5) 通過・移動

解説

2 (2)「厚(あつ)い」は、同じ訓をもつ「暑い」や「熱い」と使い分けられるようにしましょう。

(3)「増刊(ぞうかん)」とは、雑誌(ざっし)などを決まった時期以外にも発刊(はっかん)することです。

05 覚えておきたい漢字 ③

2 (1) 混・事故 (2) 雑草・技術 (3) 停車 (4) 職人 (5) 賛成・可能

解説

2 (2)「術」の部首は「行（ぎょうがまえ・ゆきがまえ）」です。「彳（ぎょうにんべん）」ではないことを覚えておきましょう。

(5)「可能」は、「できること」という意味です。反対の意味の熟語の「不可能」も覚えておきましょう。

06 覚えておきたい漢字 ④

2 (1) 態度 (2) 校舎・飼 (3) 現在・比 (4) 授業・仏教 (5) 価格

本文11ページ

解説

2 (3)「比」は、「一 ⺊ ⺊ 比」と四画で書きます。「⺊」も「匕」も人を表し、二つならべて「比べる。ならべる」という意味を表しています。

(5)「価」は、「覀」の部分を「西」や「酉」と書かないようにしましょう。「価」には、「ねだん。ねうち」という意味があります。

07 覚えておきたい漢字 ⑤

2 (1) 逆 (2) 内容・省略 (3) 酸素 (4) 燃・規則 (5) 検査・対応

本文12ページ

解説

2 (2)「省」と「略」は、どちらも「はぶく」という意味があり、「省略」は、似た意味の漢字を組み合わせた熟語です。

(5)「検査」の「検」は、似た形の「険」と書きまちがえないようにしましょう。「査」は、「且」の部分の最後の横ぼうを長く書きます。

08 覚えておきたい漢字 ⑥

2 (1) 眼科・備 (2) 久・資料 (3) 似・複数 (4) 個性 (5) 語句

解説

2 (3)「複」と形が似た漢字に「復」があります。「複」には、「重ねる。二つ以上ある」という意味が、「復」には、「くり返す」という意味があります。

(4)「性」の「忄（りっしんべん）」は、「丶 丷 忄」という書き順に注意しましょう。

09 覚えておきたい漢字⑦

本文14ページ

2
(1) 墓・直接 (2) 提案・報告 (3) 解・復習 (4) 先祖 (5) 木造

解説

2 (1)「墓」は、形の似ている「基」とまちがえないように注意しましょう。
(2)「報告」は、「報」も「告」も「知らせる」という意味の漢字です。「報」は、「𠬝」の部分を「皮」と書かないようにしましょう。

10 覚えておきたい漢字⑧

本文15ページ

2
(1) 政治 (2) 防災・基準 (3) 減 (4) 団体・銅 (5) 順序・示

解説

2 (2)「防」の部首は、「阝（こざとへん）」です。形が同じ部首に、「郡」「部」などの右側の「阝（おおざと）」があります。「基準」は、「他のものと比べるもとになるもの」という意味です。
(3)「減る」の反対の意味の言葉は「増える」です。どちらも五年生で学習する漢字なので、あわせて覚えておきましょう。

11 漢字はどうやってできたの？

本文17ページ

1
(1) 校〔エ〕 (2) 明〔ウ〕 (3) 下〔イ〕 (4) 川〔ア〕
(5) 馬〔ア〕 (6) 管〔エ〕 (7) 森〔ウ〕 (8) 本〔イ〕

2
(1) 山＋石〔岩〕 (2) 口＋鳥〔鳴〕

3
(1) ①日 ②青 (2) ①心 ②相
(3) ①金 ②同 (4) ①糸 ②氏

解説

1 (6)「管」は、意味を表す「竹」と音を表す「官」を組み合わせてできた形声文字です。

12 漢字の読み方のちがいに気をつけよう

本文19ページ

1
(1) 後〔ゴ〕〔コウ〕 (2) 平〔ヘイ〕〔ビョウ〕 (3) 然〔ゼン〕〔ネン〕
〈順不同〉

2
(1) 作業 ウ〔○〕動作 (2) 行事 イ〔○〕行列

3
(1) ①目を覚ます。〔さ〕 ②漢字を覚える。〔おぼ〕
(2) ①音楽家を志す。〔こころざ〕 ②志を果たす。〔こころざし〕
(3) ①花が好きだ。〔す〕 ②読書を好む。〔この〕

解説

2 (1)「作」には「サク・サ」、(2)「行」には「コウ・ギョウ」の音読みがあります。

13 送りがなのつけ方には、きまりがあるの？

本文21ページ

1
(1) イ（○）起きる　(2) ア（○）喜ぶ
(3) ア（○）速い　(4) イ（○）新しい

2 〔ウ〕〔オ〕〈順不同〉

3
(1) あかるい色。〔明るい〕　(2) 運動会をおこなう。〔行う〕
(3) 努力をかさねる。〔重ねる〕　(4) この薬は、にがい。〔苦い〕
(5) こまかいすな。〔細かい〕　(6) 種類がすくない。〔少ない〕

解説
1 (4)「〜しい」の形の言葉を漢字で書く場合の多くは、「しい」と送りがなをつけます。

14 二字熟語(じゅくご)の組み立てを知ろう

本文23ページ

1
(1) 天〔地〕　(2) 売〔買〕
(3) 遠〔近〕　(4) 勝〔敗〕

2
(1) 寒〔冷〕　(2) 道〔路〕
(3) 倉〔庫〕　(4) 救〔助〕

3
(1) 南国〔南の国〕　(2) 夜空〔夜の空〕
(3) 強風〔強い風〕　(4) 新年〔新しい年〕
(5) 受賞〔賞を受ける〕　(6) 登山〔山に登る〕

4
(1) 熱湯〔○〕　(2) 鉄板〔○〕
(3) 発光〔△〕　(4) 乗車〔△〕
(5) 親友〔○〕　(6) 改心〔△〕

解説
4 (1)は「熱い湯」、(2)は「鉄の板」、(5)は「親しい友」となります。(3)は「光を発する」、(4)は「車に乗る」、(6)は「心を改める」となります。

15 漢字に「関心」？「感心」？

本文25ページ

1
(1) イ（○）意外　(2) ア（○）証明

2
(1) イ（○）追う　(2) ア（○）早い　(3) イ（○）暑く

3
(1) ① 近くの〔公園〕で遊ぶ。　② 楽団の〔公演〕をきく。
(2) ① 席を〔空〕けてください。　② ドアを〔開〕けてください。
(3) ① 身長を〔測〕る。　② 時間を〔計〕る。

解説
3 (3)「量る」は「重さや容積(ようせき)をはかる」、「計る」は「時間をはかる」、「測る」は「長さや広さをはかる」という意味です。

16 「一日」は「ついたち」？「いちにち」？

本文27ページ

1
(1) 川原で遊ぶ。〔かわら〕　(2) 今月の二十日は、運動会だ。〔はつか〕
(3) 果物の皮をむく。〔くだもの〕　(4) 眼鏡をかける。〔めがね〕
(5) 今年の夏は、暑い。〔ことし〕　(6) 姉は、歌が上手だ。〔じょうず〕

2
(1) ア（○）いちにち　(2) イ（○）ふたり

3
(1) 昨日〔きのう〕〔さくじつ〕　(2) 博士〔はかせ〕〔はくし〕

解説
2 (1)「二十四時間。朝から夜まで。ある日」の意味では、「一日(いちにち)」と読みます。「月の最初の日」の意味では、「一日(ついたち)」と読みます。

17 どうちがう?「幸せ」「幸福」「ハッピー」

本文31ページ

1 (1) 菜の花〔ア〕 (2) ピアノ〔ウ〕
(3) 野球〔イ〕 (4) 歩く〔ア〕
(5) ケーキ〔ウ〕 (6) 旅行〔イ〕

2 (1) 幸福〔幸せ〕
(2) スピード〔速さ〕
(3) ルール〔きまり〕

3 (1) 風車〔かざぐるま〕〔フウシャ〕 (2) 生物〔なまもの〕〔セイブツ〕
(3) 初日〔はつひ〕〔ショニチ〕 (4) 色紙〔いろがみ〕〔シキシ〕

解説 **1** (1)「菜の花」、(4)「歩く」のように、漢字を訓読みする言葉は和語、(3)「野球」、(6)「旅行」のように、漢字を音読みする言葉は漢語です。

18 組み合わさってできた言葉を見てみよう

本文33ページ

1 (1)〔右うで〕 (2)〔青空〕 (3)〔話し合う〕 (4)〔手作り〕

2 (1) 船旅〔ふなたび〕 (2) 金物〔かなもの〕 (3) 雨音〔あまおと〕

3 (1)〔手〕+〔足〕 (2)〔国語〕+〔辞典〕
(3)〔見る〕+〔上げる〕 (4)〔投げる〕+〔入れる〕
(5)〔折る〕+〔曲げる〕 (6)〔心〕+〔細い〕
(7)〔山〕+〔登る〕

解説 **2** (2)「金物」は「かね」と「もの」が組み合わさってできた言葉ですが、「かねもの」ではなく、「かなもの」と読みます。

19「お客様が参ります。」は、まちがい?

本文35ページ

1 (1)〔ウ〕 (2)〔ア〕 (3)〔イ〕

2 (1) イ(〇) (2) イ(〇) (3) ア(〇)

3 (1) いる。〔いらっしゃる〕 (2) もらう。〔いただく〕 (3) 行く。〔うかがう〕

4 (1) 私は本を〔読みます〕。 (2) ぼくの妹は〔小学一年生です〕。

解説 **3** (1)「いらっしゃる」は尊敬語、(2)「いただく」、(3)「うかがう」は、けんじょう語です。

20 地方によって、言い方がちがうの?

本文37ページ

1 A〔方言〕 B〔共通語〕

2 ア(〇) 「ふ」は低く、「く」は高く発音する。

3 (1)〔イ〕 (2)〔ア〕 (3)〔イ〕 (4)〔ア〕 (5)〔イ〕

解説 **1** Aは、京都などで使われる方言を話しています。

3 方言と共通語の特ちょうを知り、場面や相手に応じて使い分けましょう。

21 話し言葉と書き言葉を使い分けよう

本文39ページ

1 (1)〔イ〕 (2)〔ア〕 (3)〔イ〕 (4)〔ア〕 (5)〔イ〕

2 (1) ア（○）あそこに、子ねこがいたよ。
(2) イ（○）うわあ、桜がきれい。

3 (1) 行った。〔行きました〕 (2) 見た。〔見ました〕
(3) ちょっぴり〔少し〕 (4) わっちゃった。〔わってしまいました〕

解説

3 (3)「ちょっぴり」や(4)「～（し）ちゃった」は、話し言葉としては使いますが、書き言葉としてはあまり使いません。

22 登場人物はだれ？　どんな人かな？

本文43ページ

1 (1) ちはる・トラオ〈順不同〉 (2) ちはる

2 (1) ① ちはる ② （ちはるの）お母さん
(2) 小学校の先生

解説

1 (1)トラオはねこですが、人間のように話をしているので、登場人物といえます。

2 (1)①は「お母さん」とよびかけていることから、ちはるのこと、②はそれに答えているので、お母さんのことです。
(2)6行目に「小学校の～」とあるので、この部分に注目しましょう。

23 だれが、どうしたの？

本文45ページ

1 (1) ちはる (2) 近づいてきた

2 (1) トラオ (2) ウ

解説

1 (1)――線部①の直前の文に、「ちはるは……自分の部屋に向かった。」とあることから、ちはるだとわかります。

2 (1)4行目の「と言って、トラオが前足を」の部分に注目すると、――線部①と「うまい物か。……。」は、トラオの言葉だとわかります。

24 何が起こって、どうなったのかな？

本文47ページ

1 (1) ところが (2) 校舎

2 (1) （右から順に）3・1・2・4

解説

1 (1)4行目に「もうすぐ本番というときに」とあり、この部分が手がかりになります。
(2)「かおるがどうしたのか」を答えるので、かおるの行動が書かれている部分をさがしましょう。

2 (1)かおると田中（たなか）君たちの会話や行動に注目して、出来事の流れをおさえましょう。

25 風景や場面の様子を表す言葉をおさえよう

本文49ページ

1 (1) 夏　(2) イ

2 (1) 昼　(2) 青　(3) わたがし

解説

1 (1)・(2)「暑さ」「むっとした熱気」「たくさんのひまわり」などの表現から、季節は夏で、日差しが強く、とても暑い様子がわかります。

2 (3) 菜実は、「もこもことした白い雲」の様子を、「わたがしみたい」と表現しています。

26 気持ちを表す言葉をおさえよう

本文51ページ

1 (1) くやしい　(2) ア

2 (1) 残念　(2) ようし

解説

1 (2)「おれもあんなふうに乗れたらいいのになあ。」という部分から、新太の気持ちを読み取りましょう。

2 (2)――線部②の前の行にある、新太の心の中のつぶやきに注目します。文末に「〜しよう。」とあり、新太の決意が読み取れます。

27 会話や行動から気持ちを想像しよう

本文53ページ

1 (1) ウ

2 (1) ア　(2) 新太は

解説

2 (1) 新太が一人で意地を張っていたことを、見知らぬおじいさんが知っていたので、新太はおどろいてしまったのです。

(2)「身ぶるい」とは、おそろしさなどのために、体がふるえることです。おじいさんがとつ然消えてしまったので、こわくなったのです。

28 情景から気持ちを想像しよう

本文55ページ

1 (1) ア　(2) 負けるもんか

2 (1) 一輪車　(2) ウ

解説

2 (1) 初めて一輪車に乗って見た風景は、新太には今までとは少しちがって見えたのです。一輪車に乗れた喜びと、紅葉のあざやかさとが結び付いています。

(2) 夕日の明るい色と、心が通じ合った二人のうれしさが結び付いています。

29 「これ」「それ」が指しているのは？

本文59ページ

1 (1) 森の中　(2) ふだんの体温

2 (1) 巣あな　(2) 冬みん中はほとんど身動き

2 (2)「これ」の後の言葉に注目します。「冬みん中に使われる体内のエネルギーを、最小限にするため」の方法とは、どんなことかと考えて、「これ」が指し示す内容を、前からさがします。

30 どんな関係でつながっているの？

本文61ページ

1 (1) イ　(2) ア

2 (1) ① カ　② エ

解説

2 (1) [①]で始まる文では、前の段落の内容に関する具体例を挙げているので、[①]には例を挙げるときに使う接続語（「例えば」）が入ります。同じように、[②]で始まる文でも具体例を挙げているので、[②]には付け加えるときに使う接続語（「また」）が入ります。

31 何について書いた文章かな？

1 (1) 世界の　(2) ウ

2 (1) 世界の総人口が急げきに増えた

解説

1 (1) 問いかけの文は、文の終わりが「～か。」という形をしています。

2 (1) 話題は初めに示されることが多いので、文章の初めに注目しましょう。この文章では、最後に「こうして、世界の総人口が急げきに増えたのです。」と、話題と同じ内容がくり返されています。

32 筆者が伝えたいことは？

1 (1) ① 意見　② 事実　(2) しかし

2 (1) したがって

1 (1) ①の文は、文末が「～と思う。」なので意見、②の文は、文末が「～ている。」なので事実です。

2 (1) 筆者が最も伝えたいことは、意見の部分に書かれています。この文章中で意見が書かれているのは、文末が「～べきだ。」と、強調表現になっている最後の一文です。

33 まとまりごとに内容を読み取ろう

本文67ページ

1
(1) 日本で
(2) ア

2
(1) ア
(2) 夏

解説

1 (1)この文章の中心文は最初の一文で、要点は「沖縄県は、一年中あたたかい」ということです。

2 (1)この文章中で、筆者が最も言いたいことがまとめられているのは最初の一文で、**ア**がそれに当たります。

34 段落のつながりに気をつけて読もう

本文69ページ

(1) ひざをいためる原因
(2) ア
(3) イ

解説

(2)②の段落は、「例えば」で始まっています。「例えば」は、前の段落の内容の具体例を挙げるときに使う接続語(つなぎ言葉)です。

(3)④の段落は、「このように」で始まっています。「このように」は、前の段落で説明した内容をまとめるときに使う言葉です。

35 文章全体で最も伝えたいことは?

本文71ページ

(1) 無灯火走行
(2) イ
(3) 必ずライトをつけることが大切

解説

(3)①の段落で文章全体の話題を示し、その話題について、②と③の段落でくわしく説明し、④の段落でまとめています。したがって、④の段落の内容を短くまとめたものがこの文章の要旨になります。④の段落に注目して、筆者が最も伝えたい内容をおさえましょう。

36 場面の様子を思いうかべよう

本文75ページ

(1) イ
(2) ア
(3) ア

解説

(1)——線部①は、山を人に見立て、山が体についた雪をふるい落とす様子を表しています。また、「ほッ/春だ。」から、春が来て雪がとけていく様子がわかります。

(3)梅やこぶしなどの春の花々がさいていく様子を、「やさしい色にぬっていく」と表現しています。

37 詩の表現やリズムをつかもう

(1) あいたくて

(2) とほうに　くれている

(3) みえないことづけ

(2)「とほうにくれる」は、どうしてよいかわからないという意味です。どうしてよいかわからない自分を、おつかいのとちゅうで迷ってしまった子どもにたとえています。

(3)——線部②の直前に「手のなかに／みえないことづけを／にぎりしめているような気がするから」とあります。

38 作者の感動をつかもう

(1) 火の海・灯火

(2) 夕日

(3) ウ

(1)夕日の光を「まるで火の海だ」「灯火のような赤い光」と、たとえています。

(3)最後の行が「夕日はいま世界を活気づけているのだ」と、言い切りの形で書かれています。言い切りの形の部分には、作者の思い（伝えたいこと）が書かれていることが多いのです。

39 文語詩のリズムをとらえよう

(1)（上から順に）六・四

(2) 例小ぶなをつった

(3) イ

解説

(1)「うさぎ追ひし」（六音）、「かの山」（四音）のように、音の数を数えてみましょう。

(2)「〜し」は、「〜した。」という意味です。

(3)ふるさとは忘れられない、なつかしいものだという思いがこめられています。

40 昔の物語を声に出して読んでみよう

本文85ページ

(1) ア

(2) かぐやひめ

(3) イ

(4) い

(5) ウ

(4)例の「いふ」を「いう」と読むように、一つの言葉のとちゅうに「は行（は・ひ・ふ・へ・ほ）」の音がある場合は、「わ・い・う・え・お」と読みます。このような昔のかなづかいを「歴史的かなづかい」といい、中学校でくわしく学習します。

41 文語のリズムを楽しもう

本文87ページ

(1) 平家
(2) ウ
(3) の
(4) ア
(5) ア

解説
(3)「祇園精舎」はお寺の名前、「娑羅双樹」は木の名前なので、□には「の」が入ります。「平家物語」の始まりの部分を読むときは、「祇園精舎の」（七音）、「鐘の声」（五音）、「諸行無常の」（七音）、「ひびきあり」（五音）と、七音と五音のリズムを感じながら読みましょう。

42 漢字ばかりの漢詩、どう読むの？

本文89ページ

1 (1) ア (2) ウ
2 (1) イ・エ (2) 春

解説
1 (1)「暁」は夜明けのことで、「暁を覚えず」は、「夜が明けたのにも気づかなかった」という意味です。
2 (2) 三行目の「今春 看 又過ぐ」（今年の春もみるみる過ぎていく）から、季節は春であることがわかります。

43 知っているとかっこいい「論語」

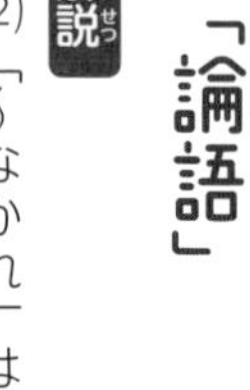

本文91ページ

1 (1) イ (2) ウ
2 (1) イ (2) イ (3) ウ

解説
1 (2)「〜なかれ」は、「〜してはいけない」という意味です。
2 (2)「是を過ちと謂ふ」の「是」は、直前の「過ちて改めざる（あやまちをおかしてそれを改めないこと）」を指しています。

復習テスト①（本文28～29ページ）

1 (1)魚 (2)上 (3)信 (4)校

2 (1)ア (2)イ

3 (1)①さいわ ②しあわ (2)①み ②みの

4 (1)ア (2)イ

5 (1)エ (2)ウ (3)ア (4)イ

6 (1)イ (2)ア

7 (1)かあ (2)けさ (3)やおや (4)たなばた (5)けしき (6)おとな (7)てつだ

ポイント

1 (1)は象形文字、(2)は指事文字、(3)は会意文字、(4)は形声文字です。

2 (1)の問題の熟語は、「荷物・作物・植物・好物」と読みます。(2)の問題の熟語は、「計画・画家・区画・名画」と読みます。

3 (1)「幸」は、送りがなに注意して読み分けましょう。

4 (1)「表す」を「表わす」としないように、注意して覚えましょう。

5 (1)「帰国」は「国に帰る」、(2)「駅前」は「駅の前」、(3)「高低」は「高い」と「低い」、(4)「行進」は「行く」と「進む」となります。

6 (1)「関心」は、「(『おもしろい』『知りたい』など)心をひかれること」、「感心」は、「(『すばらしい』『りっぱだ』など)深く心を動かされること」という意味です。

7 特別な読み方をする言葉は、漢字の一字一字の読み方に関係なく、言葉全体で決まった読み方をするので、まとめて覚えておきましょう。

復習テスト②（本文40～41ページ）

1 (1)イ・ホテル (2)ア・速度 (3)ウ・伝言 (4)イ・きまり (5)ア・ハッピー

2 (1)うで・時計 (2)こま・回す (3)細い・長い (4)見る・つらい (5)走る・続ける (6)引く・返す

3 (1)ア (2)ウ (3)イ (4)イ (5)ウ (6)ア

4 (1)イ (2)ア

5 (1)食べました〔いただきました〕 (2)とても〔非常に・たいへん〕 (3)わすれてしまいました

ポイント

1 漢字を音読みする言葉は漢語、訓読みする言葉は和語です。

2 (4)「見る」＋「つらい」で「見づらい」という複合語になると、「つ」が「づ」に変わることに注意しましょう。

3 (1)「めしあがる」は「食べる」の尊敬語です。

4 改まった場面では、共通語を使いましょう。

5 (1)文章を書くとき、文末は「～です。」「～ます。」か、「～だ。」「～である。」のどちらかにしましょう。

復習テスト③ （本文56～57ページ）

1 (1) 一子（いっちゃん）・雪美〈順不同〉　(2) いそがしい

(3) ちょっと良い気分になった

2 (1) おもむき・しんきくさい　(2) イ

ポイント

1 (1) 3行目に「一子は歩き出した。雪美が横にならぶ。」とあり、登場人物は一子と雪美の二人だとわかります。

(2) ――線部①の二行後に、「今日は、団体さんが入ってるんよ。いそがしいから、手伝わんとあかんの。」という一子の発言があります。

(3) ――線部②のすぐ後に、「一子は、ちょっと良い気分になった」とあります。

2 (1) 「一子は、玄関の前で足ぶみした。」の一文で始まる段落にほたる館のことが説明されています。「それなりにおもむきがあるのだろうが、さっき、見上げた朝日ホテルのごうかさにくらべれば、やっぱりしんきくさいと、思えてしまう」とあります。

(2) 最後の一文の「よし、がんばるぞ。」から、一子の気持ちを読み取りましょう。

復習テスト④ （本文72～73ページ）

1 (1) 1ア　2ウ　(2) 水とあぶら　(3) 混じり合わない

(4) ちょうどよい　(5) イ

ポイント

1 (1) 1 ［1］の前の文から予想される内容とは反対の内容が、後の文で述べられています。よって、逆接の接続語「ところが」が入ります。

2 ［2］の前の文では理由が、後の文では結果が述べられているので、理由と結果をつなぐ順接の接続語「そこで」が入ります。

(2) ［3］の段落を手がかりにしましょう。また、［4］の段落の実験では、クレヨンをぬった紙には水はしみこんでいかず、玉になるということが述べられており、水とあぶらは「仲が悪い」ことがわかります。

(3) ［4］の段落の最後の文に、「クレヨンの中のあぶらと、たらした水とが混じり合わないからです」とあります。

(4) ――線部②の直前に「水にとかす洗剤には、ちょうどよい量があります。」とあります。

(5) 「段落の要点」とは、その段落で筆者が最も言いたい事がらのことです。［8］の段落では、水にとかす洗剤のちょうどよい量について筆者の考えが述べられています。「それより多くの洗剤を加えても、ミセルのはたらきはかわりません」「必要以上に洗剤を使うのは、……川や湖などをよごす原因になります。」とあることをおさえましょう。

復習テスト⑤ （本文82～83ページ）

1 (1) 例（花をさかせても葉っぱをひろげても、）ふりむいていく人がいないこと。　(2) 雑草　(3) イ

2 (1) 七　(2) 例かなしいとき（は）。　(3) イ・ウ〈順不同〉

ポイント

1 (1) 前の三行を受けて、「それでも平気さ」といっています。

(2) 土がかわいて水分が不足している雑草の様子を、「のどが　かわいても」と表現しています。

(3) 作者は、雑草のたくましさをえがくことで、雑草に対する感動を表しています。

2 (1) 五音（例「貝殻を」）、七音（例「かなしきときは」）、七音＋七音（例「二つ合わせて息吹をこめて」）、七音＋五音（例「風にかなしく消ゆるとも」）で、できています。

(2) 直前の行に「かなしきときは」とあります。

(3) 第三連の「静かに鳴らそ／貝殻を。」は、倒置法です。また、二度くり返されているので、反復法（くり返し）も使われています。